Eu, PMO, em projetos turbulentos

Como os gestores de projetos devem atuar em meio ao caos

Luiz Del Col | Maurício Filho
Antonio Henrique Camacho Terçariol |
Gustavo Zambon Atvars |

Eu, PMO, em projetos turbulentos

Como os gestores de projetos devem atuar em meio ao caos

BRASPORT

Rio de Janeiro
2019

Editor: Sergio Martins de Oliveira
Gerente de Produção Editorial: Marina dos Anjos Martins de Oliveira
Editoração Eletrônica: SBNigri Artes e Textos Ltda.
Capa: Hirah Filgueira

E86 Eu, PMO, em projetos turbulentos : como os gestores de projetos devem atuar em meio ao caos / Luiz Del Col ... [et al.].– Rio de Janeiro: Brasport, 2019.

144 p.; il; 17 x 24 cm.
Inclui bibliografia.
ISBN 978-85-7452-929-5

1. Planejamento. 2. Gestão de pessoas. 3. Administração de empresas. 4. Recursos humanos. I. Del Col, Luiz. II. Filho, Maurício. III. Terçariol, Antonio Henrique Camacho. IV. Atvars, Gustavo Zambon. V. Título.

CDU 658.3.012.2

Catalogação na fonte: Bruna Heller (CRB10/2348)

Índice para catálogo sistemático:
Gestão de pessoas 658.3
Planejamento na administração de empresas 658.012.2

BRASPORT Livros e Multimídia Ltda.
Rua Teodoro da Silva, 536 A – Vila Isabel
20560-005 Rio de Janeiro-RJ
Tels. Fax: (21)2568.1415/3497.2162
e-mails: marketing@brasport.com.br
vendas@brasport.com.br
editorial@brasport.com.br
site: **www.brasport.com.br**

Filial SP
Av. Paulista, 807 – conj. 915
01311-100 – São Paulo-SP

Agradecimentos

Aos nossos clientes e parceiros que ao longo desses anos todos foram generosos na troca e no aprendizado mútuo.

Nosso muito obrigado!

Apresentação

O livro "Eu, PMO, em projetos turbulentos" tem como objetivo entender atitudes e comportamentos apresentados no livro anterior, "PMO Peso Pesado" (Brasport, 2013), trazendo para este a influência, o impacto e a gestão do caos dentro dos projetos, fazendo analogia com outras áreas onde o caos gera impactos imprevisíveis. Acreditamos que este livro expõe técnicas e métodos para lidar proativamente com o caos no dia a dia da gestão de projetos, além de trazer referências teóricas variadas de áreas distintas e épocas remotas até as atuais. Apresentamos exemplos reais e ficção, livros, filmes bem-humorados ou polêmicos, enriquecendo sua leitura e permitindo sua aplicação para ajudá-lo em projetos ou na elaboração de treinamentos distintos, pois consolida diferentes tendências e visões em um mesmo livro para que possa ser utilizado como repositório de ideias relacionadas à gestão de projetos. Este serve de apoio aos profissionais relacionados direta ou indiretamente em projetos, deixando um leque de opções para escolher qual a melhor estratégia ou método adequado ao seu perfil e ambiente de trabalho.

No livro, abordaremos:

- A relação entre a Teoria do Caos e a gestão de projetos
- A questão da prioridade *versus* o caos
- O impacto do paralelismo como solução para remover os atrasos
- O poder do hábito na gestão da mudança que o projeto traz
- Estratégias para vencer no projeto sem confrontar
- Plano de alto nível *versus* plano detalhado na visão dos gerentes funcionais
- O poder do inconsciente no controle da gestão

- O que fazer para transformar clientes e fornecedores em parceiros, mesmo nas adversidades
- O conceito de equipes deslocadas
- A gestão de expectativas do cliente como resultado de monitoramento e competências
- Um método para medir a performance do seu PMO com base em atitudes e comportamentos
- A importância do *feedback* e como dá-lo em um passo a passo de forma simples e direta
- Os mantras da gestão, aquilo que precisa ser continuamente repetido e considerado essencial na gestão de qualquer projeto
- E muito mais!

Escrevemos o livro “Eu, PMO, em projetos turbulentos” com base em nosso conhecimento teórico, tácito e na própria experiência profissional. Acreditamos que simples atitudes aumentam as chances de mudar todo o curso na entrega de um projeto. Se ignoradas, podem significar o insucesso para você e para as demais partes interessadas.

Sobre a Deloitte

A história da Deloitte está atrelada à evolução de organizações de todo o mundo, que buscam aprimorar suas práticas de negócios. Somos a maior organização de consultoria e auditoria – em receita, número de profissionais e oferta de serviços.

A Deloitte estuda, conhece e participa ativamente dos movimentos que causam disrupturas em todos os segmentos do mercado. É essa eminência que nos permite estar sempre na vanguarda das grandes mudanças e desenvolver respostas em completa sinergia com a realidade dos negócios.

A excelência em gestão de projetos é um dos focos de nossa prática de Consultoria. Nosso diferencial está justamente na capacidade de responder aos desafios de toda a jornada de transformação de nossos clientes.

A Deloitte tem um propósito claro, que define o que somos e para que existimos: *making impacts that matter*. Todos os dias, nós nos desafiamos a fazer o que realmente é importante – aos nossos clientes, às nossas pessoas e à sociedade.

Acesse nossos canais digitais:

Website

<www.deloitte.com.br>

Portal da Mundo Corporativo

<www.mundocorporativo.deloitte>

Portal para investidores estrangeiros

<www.deloitte.dbbrazil.com.br>

Aplicativo Deloitte Brasil

<www.deloitte.com/app-deloitte-brasil>

Mídias sociais

www.facebook.com/deloittebrasil

www.twitter.com/DeloitteBR

www.linkedin.com/company/deloitte-brasil

youtube.com/deloittebrasil

instagram.com/deloittebrasil

Prefácio

O homem moderno é regido pela ansiedade e insegurança. Nada é certo, a não ser a mudança, como diz o dito popular.

Esse estado emocional nos faz buscar a prontidão para as situações da vida e isso também ocorre nas organizações. Afinal, as empresas precisam reagir às ameaças e oportunidades do mercado, a fim de fazerem a diferença e se destacarem em um cenário tão competitivo.

O efeito, basicamente, é desejar fazer tudo o que for necessário para ser a melhor, a mais lucrativa. Só que os recursos são limitados.

Este livro, segundo a abordagem de seus autores, vem trazer um bom equilíbrio dessa situação, em uma jornada de consciência que fará a diferença nas escolhas e na gestão dos projetos da empresa, navegando pelo caos, objetivando desenvolver uma maior resiliência, respeitando as pessoas.

De forma leve e consistente, os autores vão nos introduzindo a conceitos, apresentando percepções de "cases", que nos fazem refletir sobre o dia a dia da empresa, do PMO,[1] do gestor de projetos e outros atores importantes nessa empreitada.

Um ponto de destaque para mim, do livro, é que o PMO e o GP,[2] durante o cumprimento do dever, não conseguirão agradar a todos. Isto traz à tona a necessidade da inteligência emocional, do equilíbrio, ou seja, de

---

1 É uma estrutura organizacional que oferece suporte, que cria e gerencia metodologia e que é o guardião desse conhecimento referente à gestão de projetos na organização, pois audita e apoia os trabalhos dos GPs. PMO também é aplicado ao profissional que trabalha no escritório de projetos.

2 Trata-se do gerente de projetos, responsável pela entrega do projeto, por planejar, reunir as pessoas, liderar e gerenciar sua execução.

forte resiliência, para lidar com ambientes caóticos e hostis muitas vezes, mantendo a postura profissional.

Os projetos trazem mudanças e nem sempre as pessoas as desejam ou as entendem. Quanto mais cedo entendermos e nos prepararmos para isso, mais rápido conseguiremos alcançar o compromisso dos envolvidos, ajustar desvios e buscar os impactos positivos traçados. Por isso achei tão interessante a abordagem dos autores.

Outro ponto, que o livro nos faz refletir, é o grau de planejamento necessário e o nível de metodologia e técnicas a serem aplicadas. Sempre objetiva-se o bom equilíbrio entre eficiência e eficácia, ou seja, a efetividade de nossos esforços de gestão e entrega.

Enfrentar a limitação de recursos de frente, sem medo, faz com que tenhamos que entender o que de verdade é prioritário. Os autores colocam o dedo nessa dor, sem inocência quanto à complexidade dos ambientes atuais, mas com a seriedade de entender que "se tudo é prioridade, nada é importante". Nesse momento, o papel do PMO é fundamental para uma boa mediação, e o equilíbrio emocional mais a sua imparcialidade são imprescindíveis.

A estruturação de um bom planejamento dos programas[3] e projetos,[4] com boas técnicas e lucidez, é um segredo deste livro, que nos ajuda a não entrar em caminhos perigosos de paralelismos improváveis e dimensionamento de atividades não realistas.

Neste livro, cheio de referências saudáveis das melhores práticas, como PMI, corrente crítica, agilidade, teoria das restrições, entre outras, os autores procuram de forma didática apoiar a difícil tarefa do equilíbrio do desenho do caminho a ser percorrido, pelas equipes, a fim de entregar da melhor forma possível ao negócio (*time-to-market*).

O profissionalismo almejado pelos autores deve ser destacado, pois eles objetivam atacar os problemas e não as pessoas, o que, na minha opinião, traz longa vida ao PMO e aos gestores de projetos. Vamos ser firmes com as situações, mas flexíveis com o ser humano.

---

3 É como um grupo de projetos relacionados gerenciados de modo coordenado para a obtenção de benefícios estratégicos e controle que não estariam disponíveis se eles fossem gerenciados individualmente.

4 É um esforço temporário, ou seja, tem data para começar e data para finalizar, que tem como finalidade um resultado único e possui recursos delimitados.

Dessa forma, o livro nos traz outro ponto importante que é o fator humano. O PMO e o GP deverão extrair o melhor dos envolvidos, seja da equipe, dos *stakeholders*, dos clientes, fornecedores... e o primeiro passo que é destacado pelos autores é entender que estes são humanos e devem ser potencializados em seu melhor. Simples assim.

Os autores acreditam que essa atitude fará com que você, além de imprimir uma postura profissional, consiga até fazer bons amigos. Além de estar mais em paz com sua consciência, e com isso adquirir uma saúde pessoal, além de gerar uma saúde organizacional devido à criação de regras, KPIs, contratos informais, manifestos, que trarão um senso de justiça e meritocracia a sua gestão, fundamentais ao sucesso.

Outro destaque do livro é a ponderação entre incerteza, ambientes de novas tecnologias e as folgas criadas pelos cronogramas, a fim de que não tenhamos replanejamentos constantes e possamos estabelecer premissas e restrições realistas, que nortearão a estratégia adotada e a comunicação.

O livro, de maneira realista, não deseja um caminho de ilusão e perfeição, mas de compreensão e com boas técnicas, apoiar a gestão de projetos e o sucesso das empresas que investiram neles, sem deixar de lado os profissionais envolvidos.

Tome coragem... ouse mudar... leia com atenção... viaje nessa jornada e obtenha muito sucesso.

Sergio Perez

Diretor PMO da Claro Brasil

Sobre os Autores

Antonio Henrique Camacho Terçariol

PMP, Cobit, graduado em Engenharia de Produção Mecânica pela FEI, com *lato sensu* em Administração de Empresas para Engenheiros – ESAN e Negócios Digitais pela COPPE-UFRJ – ASIT, mais de vinte anos atuando na área de consultoria em Gestão de Projetos, com especializações na área *de Supply Chain Management* e Tecnologia da Informação. Atualmente como Sócio da Consultoria Empresarial da Deloitte Brasil, responsável pela geração de oportunidades com foco na transformação de negócios de grandes clientes, envolvendo soluções digitais, implementação ERP e serviços PMO, entrega de projetos/programas complexos em organizações de diversos setores e liderança na aplicação de variadas metodologias e utilização de ferramentas para gestão de projetos.

Luiz Del Col

PMP, Cobit, ITIL, PSM, graduado em Engenharia da Computação pela UFSCar, com MBA em Gestão Empresarial pela FGV, possui mais de 16 anos de experiência em projetos de TI e negócios. Atuou na área de consultoria de projetos com especializações em PMO Estratégico e Tecnologia da Informação para grandes organizações nos setores de varejo, indústria de base, serviços e telecomunicações. Implementou escritórios de projetos em ambientes extremamente complexos. Atualmente é sócio e diretor de operações da corretora Bloco1, especializada no mercado de ativos digitais e *blockchain*. Coautor do livro "PMO Peso Pesado", também publicado pela Brasport.

Maurício Filho

Graduado em Análise de Sistemas pela PUCCAMP, MBA em *E-Commerce* pela FGV – Extensão em Administração pela Parkland College, Illinois, EUA. Mais de 20 anos de experiência atuando em projetos de TI de Telecom, nas áreas de migração, fábrica de software, produção, implementação, infraestrutura, teste, com experiência em diferentes culturas (Estados Unidos, Canadá, Republica Dominicana, Tailândia, África do Sul, Chipre, Romênia, Porto Rico). Experiência com gestão de PMO estratégico fazendo uso da corrente crítica. Atualmente é professor de curso superior do Centro Paula Souza em Itapira em Modelagem de processos, projetos de TI e Negócios eletrônicos e cursa MBA de gestão pública.

Gustavo Atvars

PMP, ITIL, graduado em Engenharia de Computação pela UFSCar, com extensão em Gestão e Estratégia de Empresas pela IE-Unicamp. Atua há mais de 20 anos em projetos de TI envolvendo: infraestrutura de *datacenter*, desenvolvimento de sistemas corporativos, migração e conversão de sistemas, testes funcionais, de desempenho e capacidade, gestão de projetos e programas e gestão financeira de TI. Carreira com atuação em empresas de telecom, consultoria e mercado editorial, em atividades de gestão de projetos, no papel de gerente de projetos e gerente de escritório de projetos.

Sumário

Capítulo 1
Caos e a gestão de projetos

Todo projeto é um empreendimento temporário, ou seja, com data para começar e data para terminar. Ao final, será entregue um produto ou serviço único, diferente de qualquer outro realizado anteriormente. Esse é o conceito adotado mundialmente pelo PMI (*Project Management Institute*). Tal axioma é importante para fundamentar a teoria de projetos. Todavia, tanto para iniciantes quanto para experientes em programas/projetos, é importante não parar nessa definição, mas, sim, evoluir e entender como o caos pode distorcer essa própria base de gerência de projetos.

Vamos ao exemplo do projeto Brooklyn, comentado no episódio 11 de "Cosmos – A Persistência da Memória", de Carl Sagan, cientista, astrônomo, astrofísico, cosmólogo, escritor e divulgador científico norte-americano. Até o século XVII, a travessia de Brooklyn até Manhattan era feita por balsas. Já no século XIX, existiu o projeto para construir a ponte do Brooklyn até Manhattan considerando o mesmo local utilizado pelas balsas, pois o tráfego intenso já convergia para lá. Com novas tecnologias, foi possível implementar um outro projeto do túnel, em tempo mais recente, ligando ambos os locais, novamente utilizando os mesmos pontos próximos. Podemos notar que em cinco séculos, apesar de cada projeto ser único e diferente de qualquer outro, todos foram extremamente ligados e dependentes dos anteriores, e quanto maior for o projeto/programa, isso fica mais explícito.

Outra característica que podemos encontrar, na maioria das vezes, é que o antigo deve continuar funcionando até que o novo termine. Isso pode ser visto em projetos de transformação, migração e inovação tecnológica. Não podemos abandonar o velho até termos o novo pronto. Além desses pontos, devemos lembrar que os projetos são formados e conduzidos por pessoas nos níveis técnico, funcional ou de negócios, administrativo e executivo, políticos, religiosos, consultores, estrategistas e arquitetos. E é muito comum encontrarmos, em todas essas áreas, pessoas que vão ganhar ou perder com o novo projeto. Agora estamos falando dos *stakeholders* críticos para o projeto.

Voltando um pouco para o projeto da ponte do Brooklyn até Manhattan. Os empresários, donos das balsas transportadoras, foram impactados pela sua construção, pois boa parte do transporte migrou para a ponte, afetando diretamente sua receita e o número de funcionários, além de outros negócios indiretos, como manutenção e venda de balsas. Ou seja, todo um nicho de negócio foi afetado e outro nasceu, gerando outros empregos e negócios mais modernos.

Os *stakeholders,* também conhecidos como partes interessadas, são pessoas únicas, com seus desejos, necessidades e interesses, munidas de personalidades mais fortes ou mais fracas, diferentes umas das outras. Essas personalidades heterogêneas originam as influências positivas e negativas que serão inseridas ao longo de todo o projeto. Por essas características, a condução de projetos tem relação direta com a Teoria do Caos, com o ser humano e suas características e necessidades.

Note que, com toda essa diversidade, se você tentar agradar a todos com certeza fracassará. Logo no início deste livro, é importante ter em mente a frase clássica de Herbert Bayard Swope, famoso editor e jornalista norte-americano: "I can't give you a sure-fire formula for success, but I can give you a formula for failure: try to please everybody all the time." (Não posso dar-lhe uma fórmula infalível para o sucesso, mas posso dar-lhe uma fórmula para o fracasso: tente agradar a todos o tempo todo).

Da mesma forma que um jornalista agrada a algumas pessoas, também desagrada a outras, algumas muito influentes. O gerente de projetos (GP) e os PMOs também irão agradar e desagradar pessoas. Eles devem ser políticos e estratégicos e estar sempre alinhados com os patrocinadores dos projetos, pois, em alguns casos, somente o patrocinador poderá apoiá-lo politicamente em uma situação crítica de impacto de algum *stakeholder* que, em último nível, teria poder político para trocá-lo de projeto. Esse é bom motivo para dar prioridade logo ao chegar em um projeto/programa, buscando sempre entender o relacionamento/histórico dos *stakeholders*.

Lembre-se de que, embora um produto ou serviço seja único, provavelmente poderá estar vinculado a um projeto antigo entregue, funcionando e dando receitas diretas ou indiretas para algumas partes interessadas do projeto. Entenda o projeto antigo, o porquê de ele estar sendo substituído e quais *stakeholders* estão perdendo e ganhando com isso.

Uma forma bem-humorada de verificar o caos está no filme "Asterix & Obelix: Missão Cleópatra", em que é possível ver Cleópatra como *sponsor* ou patrocinadora do projeto. Ela faz uma aposta com Júlio Cesar: caso construa um palácio em Alexandria maior que o palácio de Cesar em Roma, no período de três meses, Cesar deveria aceitar que o Egito era uma nação superior. Logo no início, verificamos o problema pelo qual Numerobis, que podemos entender como o GP deste projeto, irá passar. Cesar tem poder para matar nosso GP, e ele terá que ser criativo, político e estar sempre alinhado com Cleópatra, a patrocinadora do projeto.

"... a condução de projetos tem relação direta com a Teoria do Caos, com o ser humano e suas características e necessidades."

Tanto na comédia "Asterix & Obelix: Missão Cleópatra" como na construção da ponte do Brooklyn, fica claro que o GP e o PMO não irão agradar a todos nunca, e em vários momentos irão desagradar *stakeholders* influentes. Saber disso e aprender a lidar com essa característica de projeto de forma estratégica, criativa e política fará toda a diferença entre o sucesso e o fracasso do projeto.

Agora vamos falar um pouco da relação do caos em projetos com a teoria de Lorenz. Edward Lorenz (1917-2008), meteorologista, matemático e filósofo norte-americano, explicava que pequenas alterações tímidas em sistemas dinâmicos podem gerar grandes impactos. Na prática, isso impossibilitava a obtenção de previsões meteorológicas maiores que alguns dias. Quando traduzimos isso para projetos, verificamos que o mesmo ocorre em projetos com históricos de similaridades. Planejamos, calculamos os detalhes de preço, custo e tempo, fazemos a Estrutura Analítica do Projeto (EAP) e, mesmo assim, é normal vermos atrasos em caminhos críticos logo nas primeiras semanas, pois o simples fato de o arquiteto ficar doente impede a solução de um problema encontrado, o que impacta nos gastos com fornecedores até que o arquiteto volte ou encontremos um substituto. Neste caso, já impactamos nosso custo e nosso tempo, ou seja, uma gripe forte que acomete um arquiteto de um projeto de mais de mil pessoas pode impactar e ter consequências totalmente desconhecidas.

Por isso, tais eventos seriam praticamente imprevisíveis, caóticos. Essa imprevisibilidade está presente o tempo todo no mundo da gestão de projetos. Esse efeito é similar à afirmação: "o bater das asas de uma borboleta no Brasil pode causar, tempos depois, um terremoto no Japão". A Teoria do Caos está presente ao nosso redor, sem nos darmos conta. Cada palavra, cada gesto, cada decisão que tomamos tem impacto imprevisível em nosso futuro. Quanto mais tempo demoramos para identificar as mudanças e nos ajustarmos a ela, maior será o impacto.

Projetos possuem centenas ou milhares de eventos imprevisíveis que ocorrem em função de variáveis como escopo, tempo, custo, qualidade, comunicação, pessoas, riscos, aquisições de produtos e/ou serviços e influências positivas ou negativas de *stakeholders*. E tudo isso é inerente ao processo de execução do projeto. Por mais que haja planejamento, é praticamente impossível prever todas as atividades, influências políticas e forças internas ou externas da organização antes de iniciar sua execução. Os projetos se enquadram muito bem na Teoria do Caos.

Um projeto segue seu curso de execução e, no caminho, surge uma pequena pendência, nada preocupante aos *stakeholders*. No entanto, a pendência em questão traz atraso em uma atividade de uma frente de trabalho funcional. Nesse momento, surge uma leve alteração nas condições iniciais. Com isso, uma importante entrega da frente de trabalho técnica acaba sendo postergada. Isso começa a impactar pequenos e incrementais atrasos nas demais frentes de trabalho do projeto que dependem dessa entrega. Passado certo tempo, o gerente de projetos terá que comunicar a todos que estamos a ponto de perder o *baseline* e pôr em risco o atendimento ao objetivo principal do projeto. Em consequência da pendência "inocente" da frente funcional, no fim, tivemos uma alteração imprevisível nas condições do projeto.

O propósito deste livro é ir mais além. Analisaremos a figura do *Project Management Officer* (PMO)[1] como agente influenciador-chave para que os movimentos aconteçam no sentido de realizar a entrega bem-sucedida do projeto.

Uma gestão de projetos está sujeita a alterações no escopo, no custo, na qualidade e no tempo, onde temos uma atuação inerente e inevitável do PMO em apoiar o GP para dar fluência aos projetos (constância), mesmo sob novas condições de trabalho. Comparando com o "bater das asas da borboleta", trata-se de uma operação inerente e inevitável para a sua sobrevivência. Nesse contexto, o PMO deve manter influência em torno dos *stakeholders* para que todos cheguem na reta final de entrega do projeto dentro do prazo, custo, escopo e qualidade esperados.

Novamente fazendo um paralelo, é impossível impedir que a "borboleta bata as asas", mas é possível trabalhar em ações preventivas para identificar, através de impactos em tempo, custo, qualidade e escopo, que a "borboleta bateu as asas" e gerou um novo ambiente de mudanças. Lembre-se, o importante não é descobrir o responsável pelo efeito borboleta, nem quando ele ocorreu, e sim seus impactos nos projetos e quais atitudes devem ser tomadas no projeto para mantê-lo dentro do planejado.

"GP e o PMO não irão agradar a todos nunca, e em vários momentos irão desagradar *stakeholders* influentes"

Vamos nos arriscar em dizer que o PMO e o GP são o sistema imunológico dos projetos e programas. Claude Bernard, médico e fisiologista francês que viveu no século XIX, observou como as funções internas de nosso organismo, como frequência cardíaca, pressão e temperatura, permaneciam estáveis, e como uma falha poderia impactar todo o sistema, provocando até mesmo uma situação patológica (sofrimento). Essa alteração pode ser causada, por exemplo, por vírus, bactérias ou por algum acidente. Nesse momento, nosso sistema imunológico atua para reesta-

1 PMO é a sigla de *Project Management Office*: o escritório de projetos responsável principalmente pelo suporte aos gerentes de projetos. Neste livro, os autores entendem PMO como *Project Management* ***Officer***, ou seja, a pessoa do escritório responsável por suportar cada etapa de um projeto: iniciação, planejamento, execução, controle, monitoramento e encerramento.

belecer o equilíbrio, ou a homeostase, conceito desenvolvido por Walter Bradford Cannon, definido como a tendência à estabilidade do meio interno do organismo.

O caos é definido pelos fatores inesperados que impactam o projeto/programa trazendo o desequilíbrio. O PMO e o GP devem ser o sistema imunológico, que devem tomar ações para reestabelecer a homeostase antes que o problema se torne patológico. Nesse sentido, existe outro paradigma com o qual devemos tomar cuidado, que afirma que o principal para o PMO e o GP é a comunicação, mas o tempo pode ser tão ou mais importante que a própria comunicação.

Caso os sismólogos demorem a alertar um tsunami, milhares podem morrer. Caso um oncologista demore a encontrar um câncer, pode já ter passado de estágios tratáveis. Da mesma forma, é crítico que o PMO e o GP encontrem os desvios no programa/projeto o mais rápido possível. Por isso, é crítico utilizar todas as técnicas e ferramentas disponíveis no *Project Management Body of Knowledge* (*PMBOK® Guide*), como análise de riscos e validações dos *milestones*, e utilizar também o suporte político do *sponsor* para tomar as ações necessárias de imediato para recuperar a "homeostase" do projeto.

PMO e GP serão responsáveis por manter a "homeostase" do projeto/programa, e o fator decisório de sucesso ou fracasso será determinado pelo tempo que levar para encontrar os ofensores, comunicar o patrocinador e conseguir a definição das ações necessárias para reestabelecer o equilíbrio.

"Cada palavra, cada gesto, cada decisão que tomamos tem impacto imprevisível em nosso futuro. Quanto mais tempo demoramos para identificar as mudanças e nos ajustarmos a ela, maior será o impacto"

Uma das principais formas de identificar os ofensores é escutar todos os níveis hierárquicos da organização. Como no corpo humano, você encontrará falsos sintomas que podem direcionar para soluções equivocadas. Porém, quanto mais escutá-los, maior será sua experiência e conhecimento do ambiente e maiores suas chances de encontrar novos ofensores dentro do tempo necessário. O livro "O Líder em Você", de Stuart R. Levine e Michael A. Crom, explica como é importante escutar para aprender.

> "Eu praticamente nem abrira a boca. Eu não poderia ter dito nada que quisesse sem mudar de assunto, pois não entendo mais de botânica do que entendo da anatomia de um pinguim. Mas eu fizera o seguinte: escutara com toda atenção. E escutara porque estava profundamente interessado. E ele sentiu isso. Claro, este interesse agradou-o. Essa maneira de escutar é um dos mais altos cumprimentos que podemos fazer a alguém. E assim fiz com que ele pensasse que eu era um grande conversador quando, na verdade, eu fora apenas um bom ouvinte e o estimulara a falar"
>
> Dale Carnegie

Parece simples ser um bom ouvinte, mas é comum ocorrer justamente o oposto entre PMOs e GPs ao lidar com técnicos, consultores e analistas.

Podemos citar organizações que, por gerarem constantes planejamentos ineficientes, com consequentes impactos no atingimento de prazos do projeto e com falhas de comunicação, já não confiam em seus colaboradores, pois esses problemas já estão intrínsecos na empresa, pertencendo à "cultura organizacional".

Caso o PMO ou o GP participem de um projeto/programa em uma cultura organizacional que não respeite muito sua posição e opinião, o principal é aplicar a técnica descrita por Stuart R. Levine e Michael A. Crom: escute com respeito e deixe claro que você respeita os comentários dos outros e que isso está agregando para você, pois é a mais pura verdade. Mais importante que os colaboradores entenderem e darem valor ao seu trabalho e o planejamento, é você entender e aprender com eles e valorizar a contribuição de cada um.

"Por mais que haja planejamento, é praticamente impossível prever todas as atividades antes de iniciar sua execução"

Escute, aprenda e evolua nas formas de defender o projeto/programa para manter sua "homeostase".

Convidamos você a nos acompanhar nessa intrigante análise seguida de dicas para que o PMO e o gerente de projetos, juntos, assumam a influência no caminho certo do sucesso de todos. Iniciamos com alguns pontos que acreditamos ser relevantes para o sucesso como GP e PMO.

Capítulo 2

Se tudo é prioridade, nada é importante

De modo geral, o mundo corporativo está acostumado a trabalhar em ambientes de projetos onde as tarefas devem ser realizadas de maneira emergencial ou no menor tempo possível e, em muitas vezes, de forma paralela. Mesmo gerentes mais experientes tendem a colocar muitas tarefas como prioritárias e/ou urgentes que acabam por forçar o paralelismo de atividades em seus projetos.

Para nivelarmos dois conceitos: prioridade é aquilo que mais importa, vindo em primeiro lugar na ordem do tempo, enquanto urgente é o que não pode ser adiado, exigindo atendimento imediato. Pela própria definição dessas palavras, verifica-se que muitas das tarefas impostas pelos gerentes como prioritárias ou urgentes na verdade não são nem uma coisa nem outra. Em vez de ajudar a mover o projeto na direção mais rápida para sua entrega, acabam por tirar o foco, o esforço necessário, do lugar correto, principalmente potencializando o risco da entrega do produto esperado para seu projeto.

Você já deve ter ouvido a frase: “esse gerente cria o caos para gerenciar”. É aquele que coloca tudo como prioritário e/ou urgente, pois, segundo ele, 99% dos eventos e atividades podem impactar o resultado final do projeto.

É mais fácil utilizar o caos como poder de imposição da gestão, uma vez que quase sempre existirão pontos com problemas mais ou menos importantes no projeto, prioritários ou urgentes, e que podem ou não impactar o prazo das tarefas e/ou o risco de afetar sua entrega final. Isso acontece não porque o gestor criou o caos, mas por estar fazendo uso, muitas vezes inconsciente, do caos como recurso de proteção. Devido à pressão para entrega do projeto, no prazo, custo, escopo e qualidade esperados, o GP acaba transferindo a culpa dos problemas para seus subordinados, fornecedores ou outros gestores, muitas vezes devido à sua própria ineficiência de gestão.

Um problema de recorrentes situações de urgência no projeto não pode ser encarado com normalidade (rotina). É necessário avaliar a causa-raiz desse problema, encontrar os motivos que estão na origem e tratá-la. É claro que isso não elimina todas as reais necessidades de atuações em caráter de urgência.

O filme "The Pentagon Wars", baseado no livro "The Pentagon Wars: Reformers Challenge the Old Guard", escrito pelo coronel James G. Burton, mostra de forma bem-humorada como o paralelismo e mudanças constantes podem impactar o programa/projeto e, mesmo assim, ser um caso de sucesso.

Tanto na vida real como reportado na comédia "The Pentagon Wars", pode parecer difícil antecipar tarefas ou atividades que irão causar o atraso e, com antecedência necessária, reestabelecer a "homeostase" do programa/projeto antes que seja tarde. Nesse contexto de dificuldades, alguns executivos de projeto colocam tudo como crítico ou urgente, aumentando o número de PMOs ou GPs para monitorar tudo da maneira mais paralela possível. É nesse momento que o risco de entrega do projeto é potencializado, pois a gestão do caminho crítico se torna um caos e dificilmente irá evitar o atraso.

Para ambos os casos, onde gestores dizem que 99% das atividades podem impactar o projeto ou executivos de projeto colocam tudo como crítico ou urgente, aumentando o número de PMOs ou GPs, deve existir uma base teórica e ao mesmo tempo criativa que solucione de forma mais eficaz esses problemas de gestão de caos e ajude nossos gestores angustiados a manter a "homeostase".

Uma forma muito criativa e de fácil compreensão por parte de gestores foi desenvolvida pelo israelense Eliyahu M. Goldratt e pode ser verificada em detalhes em seus livros "A Meta" e "Corrente Crítica". Em vez de tentar controlar o caos ou identificar com antecedência qual tarefa irá impactar o programa/projeto, ele assume que todas as tarefas podem atrasar ou terminar antes do tempo, e, por histórico, como qualquer organismo humano, os gestores já adicionam uma certa "gordura" ou *buffer* no tempo de suas atividades. Vamos supor que a "gordura" adicionada seja de 25% a mais. Na prática, algumas atividades devem atrasar em 25% do tempo, outras devem adiantar 25% e outras devem terminar no tempo planejado. O problema é que quando uma atividade termina antes do tempo ou no tempo planejado, pouco agrega ou protege o programa/projeto quando alguma outra atividade atrasa em 25%, atrasando-o como um todo. Acreditamos que a grande resposta para a charada dada por Goldratt está na troca do caminho crítico pela corrente crítica, colocando todas as tarefas para iniciar o mais tarde possível, removendo o *buffer*. Neste exemplo de 25% de cada atividade e transferindo para o final do projeto com um *buffer* compartilhado de 25%, como todas as atividades estão iniciando o mais tarde possível e sem "gordura", qualquer atraso em alguma atividade será facilmente identificado, pois começará a consumir o *buffer* compartilhado do final do programa, indicando qual é a corrente crítica e qual atividade está atrasada. E aí vem outro ponto interessante da teoria de Goldratt: o elo mais fraco da corrente determina a força máxima que ela pode suportar. Para aumentar a força da corrente, devemos fortalecer o elo mais fraco. Seguindo essa ideia, assim que uma atividade iniciar o consumo do *buffer*, ela será o elo mais fraco do programa e, com isso, devemos mover recursos de outras atividades que estão no prazo ou até mesmo adiantadas para ajudar a fortalecer a atividade que está consumindo o *buffer*, até que o consumo pare e a "homeostase" seja recuperada.

Veja como, de forma simples e criativa, Goldratt usa o caos a seu favor. Ao mover o *buffer* para o final e trocar o modelo de caminho crítico pela corrente crítica, ele evita que o atraso de uma atividade crítica impacte a data de término do programa, ao mesmo tempo em que utiliza de forma estratégica recursos de atividades adiantadas para reestabelecer a atividade atrasada antes que consuma todo o *buffer* compartilhado e impacte o programa/projeto.

"alguns executivos de projeto colocam tudo como crítico ou urgente, aumentando o número de PMOs ou GPs para monitorar tudo da maneira mais paralela possível"

Em programas ou projetos complexos, que possuem um conjunto de projetos inter-relacionados e com grande execução em paralelo, o caos já existe por natureza e a incerteza está presente. A ideia da Teoria do Caos está ligada diretamente a qualquer pequena mudança em algum evento que pode trazer impactos enormes para o todo. Temos inúmeros eventos ocorrendo em paralelo continuamente, muitos deles imprevisíveis e até mesmo inesperados, com consequências futuras também imprevisíveis. Essa teoria se aplica na Física, nas organizações empresariais e na vida, de modo geral. Observe, por um momento, suas decisões: você e um amigo têm a mesma formação e mesmo nível de classe social. Ele decide colocar o filho em uma escola particular e você decide colocar o seu filho em uma escola pública, por caber no seu orçamento. Seu filho fará novas amizades, construirá novos relacionamentos, absorverá novos conhecimentos e oportunidades diferentes devido a uma simples escolha sua. O mesmo ocorrerá com o filho de seu amigo. Isso não significa que você ou ele estejam errados. Pode ser que seu filho acabe melhor financeiramente. Você sabe que sua decisão impactou toda uma cadeia de eventos, mas o resultado é imprevisível. Mesmo teoricamente, nem sempre o aluno mais inteligente ou com mais conhecimento é o que tem melhor êxito na vida. Segundo Daniel Goleman, psicólogo e autor, o QI (Quociente de Inteligência) influencia apenas em 20% para determinar o sucesso na vida, enquanto 80% é resultado do quociente emocional. Isso é o caos. Não é possível controlá-lo. O máximo que pode ser feito é tentar gerenciar o previsível para aumentar as chances de sucesso.

Aqui falamos de coeficiente intelectual, outro paradigma que teremos que quebrar. Para lidar com o caos, será muito mais relevante seu coeficiente emocional que seu coeficiente intelectual.

> "Que fatores entram em jogo, por exemplo, quando pessoas de alto QI malogram e aquelas com um QI modesto se saem surpreendentemente bem? Eu diria que o que faz a diferença são aptidões aqui chamadas de inteligência emocional, as quais incluem autocontrole, zelo e persistência, e a capacidade de automotivação."
>
> Daniel Goleman, em "Inteligência Emocional"

Em um ambiente de caos, você terá que lidar com *stakeholders* com poder político que, em alguns casos, ainda possuem uma visão estreita da inteligência, que acreditam que o QI é um dado genético impossível de ser modificado ou melhorado pela experiência de vida, e que já temos nosso destino determinado pela aptidão intelectual recebida geneticamente, ou seja, estamos limitados por nossa herança genética.

Muitas vezes, o GP ou o PMO serão colocados à prova e questionados sobre os seus conhecimentos técnicos. Isso é normal, pois, conforme comentado no livro de Roberto Lira Miranda, "Além da Inteligência Emocional", até pouco tempo atrás a inteligência era vista e tratada como um atributo genético intelectual do ser humano, e inúmeros testes de percepção, conhecimento, memorização e interpretação de informações foram elaborados para poder identificar o quociente intelectual, criando uma pontuação global única e aceita como base para comparar todas as pessoas. Apesar da extrema relevância da inteligência emocional, ela pode colocar seres humanos em algumas armadilhas. Miranda coloca um exemplo em seu livro:

> "As abelhas operárias transportam continuamente néctar para alimentar as larvas, mas todo apicultor sabe que se retirar as larvas da colmeia elas – zelosas e persistentemente, mecânica e instintivamente – continuarão sua tarefa, sem se dar conta da inutilidade de seu trabalho."
>
> Roberto Lira Miranda em "Além da Inteligência Emocional"

De acordo com Miranda, as armadilhas da inteligência emocional podem acarretar efeitos terríveis nas nossas vidas. De forma análoga, podemos verificar o mesmo em projetos, observando pessoas em nível executivo e com alto coeficiente emocional, e alta capacidade motivacional, insistindo em ações com pouco ou nenhum resultado positivo, em alguns casos culminando no desligamento do projeto ou na própria demissão do executivo. Nesse momento, o PMO e o GP têm que ir além da inteligência emocional, como descrito por Miranda, e ajudar a mostrar de forma clara para os *stakeholders* que a "larva" foi removida e que há necessidade de mudar o foco a fim de recuperar a "homeostase" do sistema para lidar com o caos.

"Um problema de recorrentes situações de urgência no projeto não pode ser encarado com normalidade (rotina)"

Devemos colocar o foco nos eventos de maior prioridade, como o "terremoto" (mencionado no capítulo anterior sobre a previsibilidade no início de eventos complexos: "efeito borboleta"), e alertar as pessoas para que fiquem preparadas, minimizando assim o impacto dessa ocorrência. Se sabemos que existe uma probabilidade maior de ocorrer furacões, podemos nos preparar com abrigos que os suportem, minimizando o impacto do caos causado e permitindo a manutenção da resistência da população afetada, para ter forças para recuperar o equilíbrio da comunidade o mais rápido possível após sua passagem. Não podemos evitá-lo, mas podemos nos preparar para minimizar seus impactos e nos planejar para reparar os estragos o mais rápido possível a fim de manter o equilíbrio da comunidade, evitando seus efeitos colaterais, como a queda de eletricidade por tempo prolongado e consequente falta de energia para manter alimentos congelados, o que pode ainda ocasionar saques, insegurança e violência. Assim, quanto mais rápida for a ação para recuperar a "homeostase", menor será o esforço necessário e menor o estrago causado pelo furacão.

Em programas com inúmeros projetos em paralelo, é praticamente impossível atuar no microgerenciamento tentando controlar todos os eventos nos mínimos detalhes. O esforço em recursos pessoais e financeiros inviabilizaria qualquer projeto.

Retomando a frase "esse gerente cria o caos para governar", é possível afirmar que, na verdade, o caos provavelmente já existe e você é parte dele. Não é possível controlá-lo, mas é possível observar os eventos de maior prioridade e focar neles, de forma rápida, a fim de minimizar os impactos no projeto. Para isso, temos as ferramentas de gestão de projetos, como o cronograma, para oferecer direção para onde vamos e quando devemos chegar lá. O caminho crítico mostra onde devemos ter maior atenção.

Todo evento que possa causar impactos no caminho crítico deve ter maior prioridade, além de planos de ações rápidas. Temos também a gestão de riscos, onde tudo contribui para identificar os eventos mais impactantes e críticos, para darmos a prioridade correta. Ela ajuda a gerenciar as incertezas de forma organizada. A gestão de mudanças (*change management*) também permite avaliar de forma integrada todos os efeitos sobre o projeto. Iremos falar mais dela nos próximos capítulos.

É possível que existam gerentes experientes que não acreditem em escritórios de projetos, gestão de riscos, pois, mesmo com tudo isso, o projeto continua a sofrer os efeitos do caos. As mudanças externas e internas e os problemas continuam a ocorrer de forma imprevisível.

É importante que fique claro que não será nunca possível controlar todas as influências externas ou internas. Em alguns projetos mais longos, podemos ter impactos externos de mercado, uma vez que o concorrente lança um produto que estrategicamente força o projeto a modificar os seus objetivos. Isso tem um impacto em escopo que, por consequência, afeta as demais variáveis do projeto, como o prazo. Não é possível evitar os eventos de mercado, mas é prudente incluir riscos com sua probabilidade e impacto, além de tratá-los e controlá-los.

O PMO deve apoiar o GP na definição de prioridades, na avaliação dos impactos e revisar os riscos com frequência. Isso ajudará o gestor a organizar a sua frente de trabalho e deixará claro qual o impacto sobre suas atividades no projeto e no programa como um todo.

Muitas vezes, temos visto uma postura de descrença dos PMOs, ocorrendo em função deles não entenderem que possuem papel relevante no controle dos efeitos desses fatores internos e externos. Os PMOs só podem mudar essa postura buscando sua própria qualificação contínua e trabalhar com uma equipe experiente. Caso contrário, a descrença será reforçada e terá um fundamento. Atuar na gestão de projetos onde a Teoria do Caos se aplica exige experiência e atitude para "virar o jogo".

Como parte das atribuições do PMO, você precisa entender bem das ferramentas e metodologias que o seu escritório quer aplicar para poder suportar, argumentar e convencer os gestores de que essa é a melhor maneira de lidar com programas. Também se faz necessária uma análise da adequação de métodos e ferramentas, conforme a estrutura da iniciativa (complexidade do projeto).

Em situações onde "tudo é prioridade", o PMO deve avaliar quais são as razões de origem e tratá-las para que deixem de ser classificadas da mesma maneira.

Somente com conhecimento, experiência e persistência, você conseguirá convencer um gestor a estabelecer prioridades de forma alinhada e coerente.

Precisamos ter clareza quanto às prioridades para que os gestores possam atuar nos itens de maior impacto.

Atue firme, até que você consiga ter claro quais são os itens prioritários de cada frente de trabalho no projeto durante toda a duração da iniciativa. Saiba que o caos é dinâmico e as prioridades mudam constantemente. Por isso, tornam-se necessários o monitoramento e o controle constantes por parte do PMO. PMOs são os principais responsáveis por esclarecer as prioridades do projeto para toda a alta gerência, assim como para os demais *stakeholders*.

Se tudo for prioridade, nada é importante e o caos ficará desgovernado, pois é impossível controlar todas as variáveis.

Podemos entender a preocupação dos gestores como um comportamento para proteger o programa/projeto, como se estivessem protegendo uma nação durante a guerra. Nesse caso, temos que lembrar do comentário:

> "Se você conhece o inimigo e conhece a si mesmo, não precisa temer o resultado de cem batalhas. Se você se conhece, mas não conhece o inimigo, para cada vitória ganha sofrerá uma derrota. Se você não conhece nem o inimigo nem a si mesmo, perderá todas as batalhas..."
>
> A Arte da Guerra – Sun Tzu (adaptação e prefácio de James Clavell).

De forma análoga ao comentário de Sun Tzu, mesmo que o GP e o PMO consigam entender muito bem os desejos e as necessidades dos *stakeholders* e patrocinadores, e o histórico de projetos anteriores, a exemplo da ponte do Brooklyn citada anteriormente neste livro, acreditamos que, para cada crise tratada com sucesso, uma crise escapará do controle e impactará custo, tempo, qualidade e escopo do projeto. Para que consigam lidar com o sucesso do resultado de cem crises, os membros de um programa/projeto têm que conhecer a si mesmos.

Antes de ingressar em um novo programa/projeto, verifique se este é realmente seu sonho, sua paixão profissional, pois provavelmente passará mais tempo de suas horas diárias dedicado a ele que à sua família ou seus amigos.

O filme norte-americano "Amor sem escalas" retrata isso de forma motivacional, com a frase: "quanto estão te pagando para você desistir de seus sonhos?". Nesse momento, o funcionário que estava preocupado em manter seu emprego se dá conta de que não conhecia a si mesmo e talvez já tinha condições de realizar seus sonhos e conseguir ter receita financeira, além de poder dar exemplo para os filhos.

Mesmo que você ainda esteja, profissionalmente, em uma fase de preparação financeira para poder atuar em uma área totalmente diferente da carreira de GP ou PMO, o importante é conhecer a si mesmo para poder se automotivar e fazer a melhor escolha possível. A partir dessa reflexão, ao perceber que realmente está na carreira adequada para sua vida ou está se preparando, com planejamento estruturado, para um novo destino, será mais fácil ficar motivado.

Essa reflexão precisa ser feita constantemente, pois o caos está em todos os lugares, inclusive em nossas vidas particulares. Pode ser que um evento inesperado mude seus sonhos e sua forma de pensar sem você se dar conta. Para não cair na armadilha da larva retirada da colmeia sem que a abelha perceba e perca sua vida trabalhando inutilmente, verifique constantemente seus sonhos e se está trabalhando em algo que realmente agregue, a fim de manter sua caminhada saudável e prazerosa nesta vida.

Capítulo 3
Mudança de hábito

Vamos abordar um desafio encontrado em grandes projetos de transformação, onde temos colaboradores-chave de dez, vinte ou trinta anos de empresa, que podem agregar ou bloquear atividades críticas a um projeto. Novamente, o PMO ou o GP terão que ir além da inteligência emocional, pois neste caso estarão com um dos grandes desafios de programas/projetos, denominado *Change Management*. Porém, utilizando seus conhecimentos e habilidades, é possível utilizar esse desafio como uma oportunidade, mantendo equipes com colaboradores de mais de vinte anos de casa com sucesso comprovado e colaboradores novos com menos de um ano, totalmente alinhados com a nova estrutura do projeto, mas sem comprovação se a iniciativa será ou não bem-sucedida, pois o projeto ainda não foi implementado.

Nesse momento, é preciso perceber que essas diferenças entre o velho e o novo podem ser muito positivas estrategicamente se soubermos aproveitar essa sinergia. Os ditados populares "dois bicudos não se beijam" e "os opostos se atraem" trazem uma analogia que se enquadra perfeitamente nesse contexto, pois se o projeto colocar nas equipes apenas colaboradores antigos poderá encontrar uma enorme resistência, uma vez que o ser humano é avesso a mudanças e, ao mesmo tempo, imagina que pouco tem a agregar um ao outro.

O mesmo ocorrerá se montar uma equipe predominantemente com colaboradores novos, que poderão estar totalmente alinhados com o novo projeto, mas pouco podem agregar na defesa de problemas, pois têm pouca ou nenhuma experiência na área de atuação do projeto. Balancear a equipe com colaboradores antigos que possam listar históricos de problemas que devem ser levados em consideração no planejamento, na execução, no monitoramento e no controle e, ao mesmo tempo, colaboradores novos, para aprender e ensinar novas tecnologias, ideias, modelos de negócio, vamos na direção do ditado "os opostos se atraem". É comum em projetos encontrarmos desequilíbrio nas equipes com pouca ou nenhuma mescla. O PMO ou o GP, sempre que possível, devem intervir para melhorar essa situação.

> "O processo de maximização da sinergia no planejamento e na ação se inicia com a plena abertura da mente para as diferenças individuais, tanto nos níveis intelectuais (diagnósticos) quanto nos níveis operacionais ou emocionais (ações)"
>
> Além da Inteligência Emocional – Roberto Lira Miranda.

Um bom gestor de projeto é aquele que consegue extrair o melhor de cada indivíduo, respeitando suas diferenças pessoais.

Não é um projeto, que possui início, meio e fim, e muitas vezes com período abaixo de um ano de duração, que irá mudar características individuais das pessoas. Por esse motivo é importante que o GP ou PMO identifiquem qual perfil se adequa melhor à estrutura do projeto, partindo do princípio de que todos possuem seu valor, e caberá à gestão identificar os melhores potenciais individuais que irão fazer a diferença no resultado final do projeto.

É comum que as equipes dos projetos sejam formadas por colaboradores das áreas operacionais da empresa. Os motivos são mais que óbvios: são as pessoas que mais conhecem o "coração" e a "mente" da corporação e, portanto, podem contribuir ao máximo para que o projeto seja bem-sucedido em todos os seus aspectos. Essas possuem anos de experiência, são especialistas em suas áreas e com forte reconhecimento onde trabalham. Além disso, são profissionais que estão disponíveis nos quadros da empresa, o que ajuda a conter os custos do projeto.

Porém, essas pessoas normalmente não estão acostumadas com a dinâmica dos projetos e, por isso, os GPs e PMOs precisam saber lidar com essa variável. Quando tais pessoas são movidas de suas áreas para projetos, é quase que automático que tragam consigo hábitos dos processos operacionais, como a maneira de trabalhar, planejar e realizar tarefas, um apego à rotina e a maneira de serem geridos.

A dinâmica de um projeto com variação de atividades ao longo das fases traz uma nova rotina para essas pessoas, e isso pode gerar expectativas e frustações. É de suma importância que tais colaboradores entendam a diferença entre as suas rotinas operacionais e a dinâmica de um projeto.

Como anteriormente afirmado, de acordo com o PMI, projeto é qualquer esforço temporário que produz um produto, serviço ou resultado único e exclusivo. Ou seja, nenhum projeto será igual a nenhum outro em qualquer parte do mundo e tem data para começar e para terminar. Já operações são atividades que se repetem continuamente sem haver um tempo definido para serem finalizadas, o que chamamos de "ongoing" (exemplo: suporte estendido após implementação do projeto). Infelizmente, muitos não conhecem as diferenças entre estar em um projeto ou estar em operação, e é aí que começam os problemas.

Operação = Estabilidade
Projeto = Mudança

É essencial que cada colaborador entenda claramente e sem sombra de dúvidas a diferença entre projeto e operação, para que possa contribuir favoravelmente.

Devido às mudanças ocasionadas pelo produto do projeto no dia a dia da companhia, é possível que as pessoas desenvolvam certa resistência, gerando barreiras ao projeto. Ao colocar uma pessoa com alto nível de histórico corporativo para apoiar os projetos que estão vindo justamente para transformar o modo como ele atuou nos últimos vinte anos de sua vida, por melhor que seja o projeto, temos o risco de uma resistência enorme por parte dela.

Quanto maior for o nível hierárquico desse colaborador, maior o poder de disseminação da resistência à mudança. Nesse caso, em vez de ajudar no planejamento e na execução da mudança, teremos pessoas altamente resistentes ao projeto, apontando o tempo todo problemas em vez de soluções, pois são estas as mais capacitadas para indicá-las. Da mesma forma, ao atuar contrariamente às mudanças, essas pessoas são as mais difíceis de argumentar e convencer, pois normalmente já possuem anos de "bagagem" e conhecimento que podem facilmente encontrar inúmeros empecilhos frente a uma nova realidade.

Isso é natural, visto que durante anos seus hábitos estão seguindo a mesma rotina e elas estão sendo reconhecidas pela forma como atuam no dia a dia, a maneira de trabalhar, de questionar as mudanças, evitar que elas ocorram, o modo de argumentar e impedir mudanças desnecessárias, evitando também gastos desnecessários, prêmios recebidos por decisões e atitudes, seja verbal, financeiro ou qualquer outra premiação e que, durante anos, moldaram seus hábitos.

Faz-se necessário entender o impacto de considerar colaboradores com antigos vícios em projetos, de forma que sejam escolhidas pessoas que possam contribuir com estes.

Mudar hábitos é extremamente complicado. O primeiro passo a ser tratado é que a pessoa que possui hábitos da operação esteja disposta a mudar, deseje inovar.

Por outro lado, são pessoas com conhecimentos indispensáveis para que a mudança possa ocorrer, pois o conhecimento adquirido durante vários anos se torna crucial para que um projeto consiga entender e tratar o antigo de forma que o novo seja inovador sem perder as características estratégicas do legado. Essas pessoas são tão indispensáveis que até a alta administração oferecerá resistência para liberá-las ao projeto, pois a área de negócio ficará sem um recurso importante, muitas vezes "o braço direito do gestor", durante a duração do projeto. Porém, o gestor da área de negócio sabe que o resultado do projeto depende desse tipo de perfil; ao mesmo tempo, esses profissionais tendem a oferecer alta resistência.

É importante que esse ponto seja adequadamente endereçado no projeto, usando o suporte das áreas de Recursos Humanos, da direção da empresa ou de consultorias de gestão de mudança. Os gerentes de projetos, PMOs, *sponsors* e *stakeholders* precisam atuar para garantir que essas pessoas estejam na direção dada pela estratégia do projeto, fazendo com que ele chegue ao objetivo pelo qual foi criado. Esses são os principais "atores" que devem convencer os colaboradores com hábitos antigos de que mudar é necessário e fundamental.

Deve haver apoio e comunicação da direção da empresa que a atuação dessas pessoas passe a ser reconhecida durante o projeto, com base em sua contribuição a ele, e não mais em suas atividades do dia a dia.

"Mudar hábitos é extremamente complicado. O primeiro passo a ser tratado é que o colaborador que possui hábitos da operação esteja disposto a mudar, deseje inovar"

Fique atento a essas pessoas e aos impactos que estiverem causando a um elo específico do projeto. Saiba entender a causa-raiz dessa resistência e reporte-a prontamente para os superiores responsáveis, para que ela seja controlada, monitorada e o colaborador permaneça alinhado com a estratégia do projeto.

Ajude a tratar as resistências às mudanças com foco, capacitação e comunicação clara da necessidade do conhecimento para a mudança, pois é preciso alterar o processo existente. O GP e o PMO têm papel fundamental de alertar qualquer manutenção de hábitos que possam prejudicar o andamento do projeto e devem também orientar tais pessoas a como "imergir" no fantástico mundo dos projetos. Não restam dúvidas de que o GP e o PMO são figuras centrais, "borboleta da Teoria do Caos", que poderão contribuir muito para influenciar o comportamento dos colaboradores, vindos da operação, no caminho certo para o sucesso do projeto.

> "A regra de ouro da mudança de hábito: você não pode eliminar um velho hábito, só pode mudá-lo"
>
> Charles Duhigg em "O Poder do Hábito"

O PMO ou o GP deverão entender as rotinas dos colaboradores antigos e dos novos, e o que motiva cada grupo a iniciar uma nova rotina para conquistar uma recompensa.

Por exemplo: um determinado grupo trabalha diariamente e sempre que passa por algum momento de estresse, ou por alguma novidade, tem início a necessidade de um momento de reflexão, automaticamente chamando os colegas para tomar um café, outro grupo para fumar, outro apenas para conversar, outro para comer o lanche da tarde. Você irá notar que isso é comum. Entenda como cada grupo funciona, participe. Somente assim você poderá ter ideias para mudar sua rotina de forma que seus hábitos também mudem. Por exemplo: se você notar que o resultado é bom em relação ao grupo que decide tomar café quando passa por um estresse, e perceber que o grupo que sai para conversar não apresenta o mesmo resultado, você pode atuar positivamente tentando mudar suas rotinas, se adequando ao grupo com melhor resultado. Eventos inesperados, como um "happy hour" para o grupo todo do projeto, representam momentos de descontração e podem aumentar os vínculos entre os membros das equipes. Muitas empresas fazem eventos com os funcionários apenas para que possam se conhecer melhor. É muito mais fácil negociar ou conversar sobre um tema profissional com alguém com quem você já falou de temas pessoais em um "happy hour".

Mudar o hábito de um colaborador de mais de vinte anos de casa que esteja acostumado a apontar problemas em qualquer mudança proposta para evitar a quebra da "homeostase" da operação é praticamente impossível. O PMO ou o GP devem trabalhar além da inteligência emocional e entender como os hábitos podem ser mudados, mas nunca eliminados. De forma criativa, o hábito de impedir mudanças que tragam riscos para a operação deve ser modificado para hábitos que possam impactar positivamente o cronograma e a entrega final do projeto.

Capítulo 4
Vencendo sem confrontar

Vencer sem confrontar é um enorme desafio, o qual exige conhecimento profundo do assunto a ser tratado, respeito pelas pessoas com as quais você irá argumentar e, principalmente, características de liderança. Dessa forma, normalmente não será necessário entrar em confronto para conseguir que suas ideias e estratégias sejam aceitas.

Por outro lado, é importante saber que, da mesma forma que você respeita os outros gestores, você também tem de ser respeitado. Esse posicionamento é vital e é uma questão crítica em projetos, um caminho tanto para o sucesso como para a ruína, o qual nunca deve ser negligenciado.

Em praticamente todas as atividades do PMO e do GP, estamos lidando com pessoas, e, na situação mais comum, esses não têm ascensão hierárquica sobre elas.

Eles precisam ser inteligentes e perspicazes para obter das pessoas os resultados necessários, sem entrar em confrontos de onde possam não sair vencedores.

Para que isso seja alcançado, o GP e o PMO precisam analisar cada um dos envolvidos no projeto e determinar a forma de se relacionar individualmente.

A primeira ação que o GP e o PMO devem tomar é entender quem são os participantes do projeto. A partir daí, para um desses, devem ser analisados os seguintes aspectos:

- **Interesse no projeto:** identifica o grau de engajamento que o *stakeholder* aplicará para atingir os resultados do projeto.

- **Influência no projeto:** identifica o grau em que o *stakeholder* atuará para obter o engajamento das pessoas envolvidas no projeto.
- **Poder sobre o projeto:** identifica o quanto o *stakeholder* utilizará sua autoridade no projeto.

Identificar os interesses de um *stakeholder* permite avaliar se a participação dela será positiva, neutra ou negativa. Usando o exemplo da construção de uma casa, temos a figura do arquiteto e do vigilante. O arquiteto tem interesse que a obra caminhe bem e seja realizada rapidamente, pois a casa pronta é a vitrine do seu trabalho. Permitirá a ele ganhar outros projetos. Além disso, o preço do projeto normalmente é fixo e, portanto, ele não terá benefícios financeiros caso o projeto se estenda. Por outro lado, o vigilante tem interesse neutro na obra. Seu emprego só existe enquanto a obra está em andamento e seu salário, na maioria das vezes, é mensal. Quanto maior o tempo da obra, mais tempo ele terá seu salário.

Entretanto, o grau de interesse não é o único ponto a ser avaliado, nem garante que a pessoa apoiará o projeto por ter interesse positivo, ou atrapalhará por ter interesse negativo em relação aos resultados do projeto.

"Da mesma forma que você respeita os outros gestores, você também tem de ser respeitado. Esse posicionamento é vital e é uma questão crítica em projetos, um caminho tanto para o sucesso como para a ruína, o qual nunca deve ser negligenciado"

Avaliando agora o "poder da pessoa". Normalmente, relacionamos poder com o nível hierárquico da pessoa. O presidente tem mais poder que o diretor, que possui mais poder que seus gerentes. Porém, estamos tratando somente da autoridade de aprovação ou veto, que se reflete em poder para liberar ou não recursos necessários para o projeto.

Esse tipo de poder é importante para o projeto, mas temos que avaliar o poder também por outros aspectos:

- **Poder da informação:** trata da disponibilidade da informação para o projeto.
- **Poder regulatório, legal, social:** trata da autoridade em fazer cumprir leis e regulamentos.

- **Poder econômico:** trata dos recursos financeiros que viabilizam o projeto.
- **Poder político:** trata das necessidades e dos requerimentos dos *stakeholders*.
- **Poder estratégico:** trata de aspectos estratégicos (negócio ou tecnologia) da companhia.
- **Poder cultural:** trata da cultura da companhia seguindo os processos preestabelecidos com regras definidas.

Um exemplo de poder da informação: se um sistema ou processo está adequadamente documentado e a documentação é de livre acesso, todos os participantes têm o mesmo nível de poder sobre a informação. Porém, se apenas um estagiário sabe os detalhes de um sistema vital, ele tem um poder de informação maior que qualquer outra pessoa da empresa.

Por isso, entender o que é necessário em termos de recursos para o projeto permite avaliar o poder que os envolvidos possuem.

Conforme citado anteriormente, outro aspecto importante que devemos explorar refere-se à "influência da pessoa". A capacidade de influência de uma pessoa também poderá ser positiva, neutra ou negativa. Uma influência negativa torna o projeto mais difícil de ser conduzido.

A influência pode ser exercida por pessoas de qualquer nível hierárquico, até aquelas dos níveis mais subordinados. Tomemos o caso do auditor. O auditor não possui poder hierárquico. Ele não pode aprovar ou reprovar recursos para o projeto, nem definir escopo ou prazos. Porém, ele reporta aos níveis mais altos, influenciando a tomada de decisão das pessoas que detêm poder. O auditor é um exemplo de personagem que não possui poder. Embora tenha interesse neutro, ele apresenta uma enorme influência sobre o projeto.

Reconhecer e administrar esses aspectos da gestão de *stakeholders* permite ao GP e ao PMO aproveitar melhor as pessoas que estão no projeto e, ao mesmo tempo, evitar conflitos desnecessários.

A gestão de *stakeholders* é um termo muito antigo com técnicas e ferramentas de longa data, mas que são normalmente pouco utilizadas. Saber quem são os envolvidos e qual será o engajamento deles para o resultado final a ser alcançado facilitará muito o trabalho do GP e do PMO.

O GP e o PMO estarão atuando praticamente em todas as áreas do projeto, interagindo com pessoas de todas as áreas. Em "O Líder em Você", de Stuart R. Levine e Michael A. Crom, como mentor, você constitui função do líder que desenvolve os talentos e fortalece os membros da equipe dos projetos. Tal atitude tem resultados a curto prazo. Inclua os membros do projeto em todas as decisões que podem ser publicadas, dedique um tempo para conversar com colaboradores de diferentes áreas, escute o que eles têm a dizer, seja sobre tópicos pessoais ou profissionais. Ajude sempre que possível, seja transparente. Você não precisa ser o presidente da empresa para ser um líder ou mentor. Essa atitude contribui para o crescimento pessoal e profissional dos colaboradores e do próprio PMO ou do GP, além de ajudar a vencer sem confrontar, a comunicar de forma bem-sucedida, pois evoluiu sua forma de entender e se comunicar com os diferentes níveis hierárquicos e áreas da corporação com as quais o projeto está interagindo.

"A influência pode ser exercida por pessoas de qualquer nível hierárquico, até aquelas dos níveis mais subordinados"

Capítulo 5
O "planilheiro"

Quando falamos em planejamento na área de projetos, estamos em evolução no tema, pois ainda é comum encontrar "gerentes funcionais", ou seja, gerentes ou coordenadores de áreas de negócio envolvidas no projeto que tendem a evitar o planejamento detalhado de recursos. Isso impede a visibilidade de quais são as principais variáveis e atividades do caminho crítico em que o PMO deve focar para gerenciar o "caos" da melhor forma possível.

Em projetos, ouvimos com frequência: "eu quero gente que coloque a mão na massa. Planejar? Já temos muitos caciques tratando disso". O principal problema dessa frase é que gerentes com tal postura tendem a delegar o planejamento para o PMO, chamado muitas vezes de "planilheiro". Na visão equivocada de alguns gerentes, os PMOs ficam eternamente criando controles e *checklists* em planilhas e nunca conseguem atender à real necessidade do gerente funcional. O motivo é o fato de que somente o próprio gerente funcional possui conhecimento da área para conseguir planejar em detalhes cada tarefa, cada recurso, quais os turnos necessários para conseguir entregar sua parte do projeto dentro do tempo, custo e com a qualidade esperada.

É comum em projetos que PMOs sejam cobrados por ajustar o planejamento detalhado. A raiz do problema dessa cobrança reside na falta de alinhamento entre os gerentes funcionais, GPs e PMOs. O próprio gerente funcional não procura de antemão entender o macroplanejamento para só depois detalhar o plano da sua área. Muitas vezes, ele transfere essa responsabilidade para o PMO e/ou para o GP.

O planejamento do projeto pode ser realizado de duas formas: *bottom-up* ou *top-down*. A adoção de um modelo ou outro depende da característica da empresa e da necessidade do projeto. Nas análises *top-down*, o processo é iniciado na alta gerência e depois se "quebra" cada vez mais em detalhes, até chegar nas tarefas individuais. No modelo *bottom-up*, o processo é inverso, ou seja, o planejamento das atividades detalhadas é feito inicialmente e depois é construído o cronograma do projeto, integrando os vários planejamentos realizados anteriormente.

Em qualquer dos modelos, a colaboração do gerente funcional é imprescindível, pois a quantidade de esforço em horas, dias, semanas ou meses que deve ser atribuída a uma determinada tarefa de uma área de negócio depende essencialmente do conhecimento histórico que somente os gerentes funcionais possuem.

É comum que eles cobrem dos PMOs essa avaliação direta com seus analistas. Isso acaba se tornando um problema, visto que cada analista tende a colocar sua própria "gordura" de segurança (*padding* = tempo extra desnecessário adicionado ou aumento arbitrário na estimativa), e a maioria não tem visão do todo ou do impacto que isso pode trazer para o projeto. Normalmente, quando é feito dessa maneira, assim que o PMO inicia a revisão com o gerente funcional, ele acaba sendo alvo de críticas de falta de visão, o que é a mais pura verdade. O PMO não possui conhecimento histórico para esse tipo de planejamento. Essa parte deve ser feita essencialmente pelo gerente funcional com suporte direto do PMO, e não o contrário.

"Na visão equivocada de alguns gerentes, os PMOs ficam eternamente criando controles e *checklists* em planilhas e nunca conseguem atender à real necessidade do gerente funcional"

Outro viés negativo desse tipo de planejamento, onde o PMO é responsável por planejar diretamente com os analistas, é a descoberta tardia da falta de recursos.

É bastante comum vermos gerentes reclamando no momento de pico dos projetos, com frases como "vocês querem que eu mate meu time de trabalhar", "não vou acabar com meu time". Isso é puro reflexo de falta de planejamento adequado. Ninguém deseja que as pessoas trabalhem sem parar. Por isso, é importante que o gerente funcional esteja comprometido com datas, mesmo que agressivas. Ele é o único que pode argumentar pelo aumento de recursos. É importante que isso ocorra no início do projeto, pois é o momento onde todos estão buscando recursos financeiros para suportar o planejamento. Descobrir isso tardiamente coloca o PMO e o GP em um momento muito mais complicado para conseguir mais recursos, pois o orçamento provavelmente já estará fechado.

Por tais motivos, trabalhe para que o gerente funcional entenda isso e ajude a construir um plano detalhado com recursos alocados de forma coerente e realista para a necessidade do projeto. Isso se torna mais crítico em projetos com datas agressivas, onde a possível necessidade de recursos adicionais é maior.

Exemplo:

Um construtor fechou a venda de uma casa em alvenaria de 180m^2 para entregar em seis meses. Isso inclui a compra do terreno, a construção da casa com acabamento, além de realizar toda a documentação da casa. Como o construtor tem várias casas em paralelo, ele solicitou ajuda do PMO para apoiar no planejamento, controle e acompanhamento do projeto.

O gerente funcional, neste caso, é o próprio construtor, o qual pode adotar duas posturas:

1. Pedir que o PMO elabore o plano e controle diretamente os recursos, corretores de terrenos, pedreiro, arquiteto, pintor, encanador, eletricista, cartório:
    - Corretor irá solicitar dois meses para encontrar um terreno.
    - Pedreiro, oito meses para construir a casa.
    - Arquiteto, quatro semanas para enviar a planta.
    - Pintor, três semanas para pintar a casa.
    - Encanador, duas semanas para colocar os canos.
    - Eletricista, três semanas para instalação elétrica incluindo lustres, cerca elétrica, parte elétrica do aquecedor de água.
    - Cartório, um mês para entrega da documentação.

    Não precisamos realizar muitas contas para percebermos que o prazo já estourou de longe o limite de seis meses.

2. Outra postura é o construtor elaborar o plano e pedir para o PMO consolidar, verificar possíveis falhas e, com base no plano aprovado, acompanhar a execução:
   - Corretor normalmente solicita dois meses, mas o construtor já tem um acordo de prioridade e uma lista de terrenos alinhados com o perfil de seus clientes que é de classe média. Isso reduz o tempo de dois meses para em média duas semanas para encontrar um terreno que agrade o cliente.
   - Pedreiro irá precisar de oito meses com o número de recursos com os quais ele trabalha normalmente. Mas, quando fechamos projetos de seis meses, aumentamos o número de ajudantes para que a casa fique pronta em quatro meses.
   - Arquiteto pede normalmente 4 semanas para enviar a planta. No entanto, já temos várias plantas predefinidas que o cliente pode escolher. Assim que o cliente escolhe a planta, o arquiteto somente ajusta para estar alinhada com o terreno onde será construída a casa. Isso significa apenas poucos dias de trabalho do arquiteto, incluindo aprovação do cliente.
   - Pintor pede três semanas para pintar a casa, mas normalmente aumentamos o número de ajudantes, reduzindo para duas semanas, além de colocar a pintura em paralelo com a parte elétrica.
   - Encanador, duas semanas para colocar os canos. Mantemos duas semanas sem aumento de recursos, pois o encanamento pode ser feito em paralelo à construção da casa, não ficando nunca no caminho crítico.
   - Eletricista normalmente informa três semanas para instalação elétrica, incluindo lustres, cerca elétrica e parte elétrica do aquecedor de água. Isso ocorre porque o eletricista realiza trabalhos em paralelo. Normalmente, fechamos em contrato dedicação total durante todo o processo, o que significa apenas uma semana para todo o trabalho.
   - Cartório normalmente pede um mês para entrega da documentação, mas isso ocorre porque há muitos processos em paralelo para tratar. Para evitarmos essa demora, temos um recurso interno que já tem toda documentação e autorização prontas

para dar entrada. Com isso, conseguimos ter tudo aprovado entre uma ou duas semanas.

Podemos perceber nitidamente um melhor planejamento, conhecimento histórico e suporte do gerente funcional (construtor) na segunda postura, pois ele já tem o histórico e a experiência técnica que permitem todos esses ajustes que o PMO não possui, o qual acaba por entregar planos bem menos estratégicos, acarretando em ineficiências.

Se fosse fácil construir, não teríamos tanta gente contratando construtores. O principal motivo é o conhecimento histórico e a experiência que eles possuem para conseguir entregar no prazo, no custo e na qualidade, da mesma forma que o PMO não substitui a necessidade do conhecimento do construtor. Em grandes projetos, o PMO ou o GP não substituem a necessidade do conhecimento do gerente funcional.

Logo de início, caso o gerente funcional esteja delegando a você, PMO ou GP, essa tarefa que somente ele possui conhecimento e experiência, deixe claro quais os impactos dessa postura. Da mesma forma que o exemplo anterior mostra que os prazos poderão não ser cumpridos, o mesmo ocorrerá em projetos quando esse tipo de planejamento for feito sem a dedicação necessária dos gerentes funcionais.

A missão do PMO é convencer os gerentes funcionais que eles também devem atuar em alguns momentos do projeto como "planilheiros" (construindo planos detalhados de controle de recursos). Lembrando que, quanto antes você conseguir provar a necessidade de recursos adicionais, mais fácil será para obter aprovação de orçamento. Por outro lado, quanto mais demorar em justificar recursos adicionais, pior para todos, pois será apontado como um erro de planejamento, e não falta de recursos.

É crítico ter a definição mais clara e estratégica possível da quantidade de recursos necessários, normalmente definida durante a fase de planejamento. Para que isso seja possível, é necessário conhecimento histórico e experiência do gerente funcional atuando no planejamento do projeto relativo à área de cada um.

O *sponsor* deve apoiar a equipe de gestão e fortalecer a responsabilidade do gerente funcional no planejamento de recursos, suportando o PMO e o GP, e não o contrário.

"Se você não é apaixonado por cobrar e controlar, então você pode ser tudo menos PMO!"

Livro "PMO Peso Pesado" – Luiz Del Col e Maurício Vieira de Paula Filho

---

"A missão do PMO é convencer os gerentes funcionais que eles também devem atuar em alguns momentos do projeto como "planilheiros"

Capítulo 6
Paralelismos têm limites

Existe um tema polêmico em quase todos os programas/projetos e nosso objetivo é tratá-lo: o aumento do paralelismo das atividades como possível solução para recuperar atrasos. Vamos abordar neste capítulo suas possíveis origens e impactos, para tentar melhorar as opções e a busca de alternativas quando o PMO ou o GP passarem por essa situação.

Iniciamos com uma atitude comum em inúmeros projetos: quando cientes de atrasos críticos, os executivos tomam várias decisões. Uma delas, normalmente, é aumentar o paralelismo, que, se não for planejado corretamente, pode aumentar o atraso, os impactos no orçamento e até mesmo levar ao fracasso do projeto. Convidamos você a pensar junto, usando experiências do dia a dia, para encontrar alternativas para gerenciar crises e atrasos em projetos que não seja apenas pelo aumento do paralelismo.

Para manter a data e o custo, acabamos comprometendo as especificações iniciais e entregamos um escopo reduzido, com um aumento excessivo de paralelismo, sem um correto planejamento. Como vimos, quanto maior o número de variáveis, mais difícil fica antecipar impactos ou lidar com os efeitos gerados pelos resultados inesperados do caos. Quanto maior o número de atividades em paralelo, maior o efeito "borboleta", pois temos mais "borboletas" batendo asas em paralelo causando tempestades em algum lugar. Assim, com múltiplas atividades em paralelo, maior será a probabilidade de termos impactos negativos e mais complexo fica lidar com atrasos, problemas financeiros e qualidade. Um número elevado de paralelismos exige mais energia na comunicação para manter o equilíbrio e o alinhamento entre todas as atividades.

De acordo com Miranda, no livro "Além da Inteligência Emocional", a comunicação e a negociação exigem que todas as aptidões cerebrais estejam envolvidas nesses processos. Ainda segundo o autor, uma comunicação eficaz promove o entendimento e a aceitação de ideias e propostas, e não simplesmente a emissão de um comunicado. Se o PMO ou o GP falam para os *stakeholders*, mas estes não escutam, não temos comunicação. Se o PMO ou o GP falam e o receptor não entende as informações passadas, não temos comunicação. Se o PMO ou o GP falam e o receptor entende, mas não concorda, seu objetivo na comunicação não foi atingido. Se o PMO ou o GP falam e o *stakeholder* ou *sponsor* concorda, mas não faz aquilo que você pretendia que ele fizesse, a comunicação foi malsucedida. Note que, mesmo em projetos em que o paralelismo ainda está equilibrado, a quantidade de energia exigida do PMO e do GP já é relevante para alcançar uma comunicação bem-sucedida, que, como bem descrita por Miranda, precisa ser entendida pelo receptor, e este deve fazer aquilo esperado pelo PMO ou GP.

O aumento do paralelismo poderá impactar negativamente os principais pilares para uma gestão bem-sucedida do caos: o tempo e a comunicação. É importante evitar o aumento do paralelismo sempre que possível.

Um ponto também que deve ser considerado é o fato de o paralelismo excessivo de atividades gerar distorção ou descaracterização da entrega do produto original previsto para seu projeto, em virtude da "correria" da entrega urgente, como visto no capítulo anterior. Muitas vezes isso poderá gerar uma frustação nos próprios *stakeholders* da iniciativa e na alta gestão, que aguarda os resultados do projeto.

"Quanto maior o número de atividades em paralelo, maior o efeito "borboleta", pois temos mais "borboletas" batendo asas em paralelo causando tempestades em algum lugar"

Não dimensionar corretamente os limites do paralelismo tem sido um dos principais fatores de insucesso dos projetos. É comum vermos no mercado a compactação de atividades, aumentando consideravelmente as entregas do projeto, muitas vezes mantendo a mesma data de *release* (*go-live* de projeto) prevista no cronograma original da iniciativa, antes da paralelização de atividades. Os principais erros dos executivos estão relacionados à falta de análise adequada do dimensionamento da capacidade do projeto, relacionada a recursos e prazos adequados, à inexistência ou ineficiência de um Plano de Gerenciamento de Riscos (produto fortemente recomendado pelo PMI), que traga reais ações de mitigação de riscos. Com certeza podemos afirmar que os riscos de não entrega do projeto são potencializados com o aumento de entregas em paralelo de uma iniciativa, em situações de mesmo cronograma e prazos acordados originalmente.

Por outro lado, a sinergia de atividades não deve ser desprezada, pois sabemos que um forte motivo do paralelismo de eventos do projeto está relacionado à redução dos custos de implementação, principalmente do aproveitamento de maneira "cross" de toda a gestão do projeto, que fará o gerenciamento de todo o escopo considerado na iniciativa. Iremos abordar mais à frente que a questão financeira não é o único motivador para compactação ou paralelismo de atividades; outros pontos, como o *time to market*, será explorado ainda neste capítulo.

Verificamos os problemas causados pelo aumento do paralelismo. Agora vamos focar nas soluções mais comuns. Uma delas é a Teoria das Restrições que encontramos descrita no livro "Corrente Crítica", de Eliyahu M. Goldratt, e a outra é o Scrum, que podemos encontrar no livro "A arte de fazer o dobro do trabalho na metade do tempo", de Jeff Sutherland e J. J. Sutherland. Ambos têm propostas de gestão de projetos distintas.

A Teoria das Restrições modifica a forma de planejamento baseada em caminho crítico para corrente crítica, movendo toda a "gordura" para o final do projeto, conforme mencionado no capítulo anterior. Dessa forma, qualquer atividade que esteja atrasada iniciará o consumo da "gordura" e o PMO e o GP poderão identificar esse atraso e agir rapidamente, movendo recursos de atividades adiantadas ou dentro do prazo para recuperar o atraso da atividade crítica. Esse modelo evita e pode até diminuir o paralelismo. Assim, o PMO, o GP e os recursos do programa/projeto estarão com a energia focada em recuperar o atraso o mais rápido possível, evitando impactar a data final do programa ou projeto e até mesmo minimizando o consumo da "gordura", o que permite uma proteção contra atrasos durante todo o tempo do projeto. No final, mesmo que toda a "gordura" tenha sido consumida por atrasos de diferentes atividades críticas e problemáticas, o projeto deve manter o prazo e a solução para recuperar o atraso das atividades críticas e sempre alocar recursos de outras tarefas a fim de ajudar, em vez de aumentar o paralelismo. Esse modelo, amplamente utilizado em produção industrial e a nível global, é muito eficaz, pois o foco está sempre no elo mais fraco da produção. Onde estiver acumulando inventário é o lugar que a fábrica deve mover a maior quantidade de recursos para manter a força dos elos em equilíbrio. A corrente crítica faz uma analogia à força de uma corrente, que é sempre determinada pelo elo mais fraco, ou seja, se você quer aumentar a força da corrente, deve focar seus recursos para fortalecer o elo mais fraco da corrente.

"O aumento do paralelismo poderá impactar negativamente os principais pilares para uma gestão bem-sucedida do caos: o tempo e a comunicação"

O Scrum também evita o paralelismo, mas com uma abordagem distinta da Teoria das Restrições. O Scrum entrega partes menores mais rapidamente, atendendo a uma das principais ações estratégicas relacionadas ao *time to market*, ou seja, entregamos partes do produto antes ou junto com nossos concorrentes, diminuindo ou evitando o pedido de mudanças e ajudando a manter o equilíbrio, consequentemente evitando também o aumento de paralelismos.

Entendendo a pressão por prazo e o *time to market*

Acreditamos que a origem do paralelismo está na tentativa de maximizar esforços e reduzir custos, para recuperar ou manter o *time to market*.

Muitas vezes, notamos que o estouro no orçamento não é gerado pela grande execução de atividades em paralelo dos projetos, mas é principalmente causado pelo impacto no prazo do projeto, ou seja, atraso do projeto ao ter que contratar fornecedores e aumentar a equipe, muitas vezes sem tempo adequado de negociação de preço desses novos contratos (extensões de projeto).

Por esse motivo, é importante entender que nem sempre o orçamento é a principal preocupação dos executivos, e sim o *time to market*. Ao compreender a causa-raiz da preocupação dos executivos, fica mais fácil evitar que "emoções" inadequadas e ações inconsistentes interfiram de maneira negativa na equipe do projeto e nos resultados do projeto.

Vamos falar de dois exemplos de como o *time to market* é importante. O primeiro é o projeto U-2, que atendeu ao *time to market*, conforme iremos demonstrar na sequência. O segundo exemplo refere-se ao projeto "Big dig", com orçamento planejado de US$ 2,56 bilhões que acabou com custo real de US$ 14,8 bilhões, de acordo com a NASA, onde nitidamente era mais importante entregar o projeto do que manter seu orçamento, apesar de ter recebido várias críticas pelo aumento do orçamento. A necessidade urbana e benefícios para a sociedade eram a preocupação maior.

O projeto U-2 foi bastante complexo e requeria entregar o produto antes que o concorrente de mercado. Foi um projeto estratégico durante a Guerra Fria. O produto gerado pelo projeto U-2, um avião de reconhecimento em altas altitudes utilizado pela Força Aérea dos Estados Unidos durante a Guerra Fria, tinha um prazo bastante agressivo de entrega, e em menos de oito meses estava sobrevoando a Rússia e tirando fotos. Foi um exemplo de sucesso. Normalmente, um avião leva em média dez anos desde sua especificação até sua entrega. O projeto foi entregue para o departamento "Shunk Work" da Lockheed e seu primeiro voo inaugural aconteceu na base aérea de Groom Lake em 1° de agosto de 1955, apenas oito meses após o início de seu desenvolvimento.

Independentemente da época e da tecnologia aplicada, temos projetos de sucesso ou fracasso. U-2 é um exemplo de projeto gigante que conseguiu lidar com todas as variáveis, mesmo em um momento político muito delicado mundialmente devido à Guerra Fria, entregue em tempo recorde. Um dos motivos principais da cobrança pela entrega dentro do prazo é a necessidade de atender à demanda do mercado em determinado momento na linha do tempo.

O atraso em um projeto como este pode causar a perda de uma batalha em uma guerra, a perda de mercado ou até mesmo a extinção do negócio, pois se seu inimigo ou concorrente conseguir terminar antes, os efeitos podem ser devastadores.

Trazendo para nossa reflexão de gestão de projetos, fica muito mais fácil entender e ajudar os executivos quando decidem por ações com extrema dificuldade de implementação. Em muitos casos, o futuro da empresa depende da entrega no prazo. Empregos diretos ou indiretos podem depender do sucesso do projeto do qual você está participando.

Orçamento dos fornecedores (serviços ou produtos) *versus* sobrevivência da empresa patrocinadora do projeto

Nesse momento, é importante que você saiba que os impactos no atraso para a empresa patrocinadora do projeto podem ir muito além de uma questão de controle do orçamento, chegando até no pior caso à extinção da empresa, dependendo de quão estratégica é a iniciativa em questão.

Extensões de contrato, motivados por ajustes de escopo, atrasos nos prazos, entre outros pontos, podem gerar um conflito de interesses entre fornecedores *versus* empresa patrocinadora, devido a disputas financeiras e defesas divergentes relacionadas ao que foi acordado originalmente no *Statement of Work* (SOW: documento também recomendado pelo PMI). Nesse contexto, o PMO e o GP estarão no meio desse conflito do início ao fim do processo. Por isso, é importante entender por que a patrocinadora geralmente coloca várias cláusulas de multas contratuais: para inibir descumprimentos dos fornecedores e reduzir risco da não entrega do projeto. Do lado do fornecedor, também existe uma enorme pressão relacionada à entrega do projeto, pois um impacto de cronograma, sob sua responsabilidade, pode ocasionar consequente perda financeira no final do projeto. Quando da solicitação de extensão de prazo ou escopo, por parte da patrocinadora, o fornecedor deverá avaliar o que realmente poderá ser absorvido na mesma iniciativa, pois, além da entrega original já comprometida, o simples fato de uma nova venda pode significar uma potencialização do risco de não entrega do projeto como um todo.

É importante que o PMO ou o GP evitem se tornar inconscientemente os responsáveis pela absorção de novas atividades paralelas no projeto, ocasionadas, por exemplo, por um aumento de escopo, durante o andamento do projeto. Como dissemos anteriormente, isso poderá ocasionar perda da data do projeto. É fundamental que o PMO ou o GP usem esforços conjuntos e apliquem suas capacidades técnicas para enxergar os impactos em prazos e principalmente nos colaboradores envolvidos no projeto, que serão diretamente afetados pelo paralelismo de atividades.

No livro "Além da Inteligência Emocional", Miranda cita vários exemplos de armadilhas sentimentais:

> "nenhuma empresa, em nenhuma parte do mundo, é gerida pela verdade ou pela realidade. As empresas são geridas pela visão de seus dirigentes a respeito do que seja a verdade e a realidade".

No livro "Understanding Business", William G. Nickels, Susan McHugh e James M. McHugh listam acionistas, clientes, fornecedores, bancos, comunidade, ambientalistas, representantes, empregados e líderes governamentais como *stakeholders* de uma empresa. Caso as mudanças de escopo e prazo sejam inevitáveis, o PMO ou o GP devem logo verificar que foram alocados para trabalhar em um novo programa/projeto e, assim, identificar rapidamente os novos *stakeholders*, os principais motivadores das mudanças implementadas e saber quais foram as soluções encontradas em crises anteriores. Dessa forma, o PMO ou o GP trabalharão fortemente apoiando a empresa patrocinadora ou fornecedores na mitigação de riscos de entrega e, consequentemente, evitarão perdas financeiras a todos.

Busque as origens dos problemas, não os culpados

Normalmente, os líderes de mais alto nível apontam para incertezas, tempos ruins, dificuldades com fornecedores, negociação mais demorada que o previsto. Falam ainda que o projeto não é realista com base em experiências próprias e incertezas dos fornecedores, falta de planejamento de áreas internas, mercado, dentre outros.

Agora, veja que normalmente os níveis mais baixos colocam segurança, a chamada "gordura" ou *buffer*, para proteger-se das incertezas. E, normalmente, os níveis mais altos de hierarquia limitam e/ou removem essa segurança adicionada, pois a maioria já fez parte de gerentes hierárquicos de mais baixo nível e sabe muito bem como esse processo realmente funciona e quanto o orçamento poderá ser afetado.

Fazendo uma analogia da questão de "segurança" ou *buffer* aplicada em projetos, vamos considerar a duração do trajeto de sua cidade até o litoral, que seria mais ou menos duas horas se for baixa temporada e fora de horário de pico. Você poderá até mesmo fazer esse trajeto em uma hora e meia. Por outro lado, se for alta temporada e em horário de pico, poderá levar até cinco horas. Se parar no caminho, vai levar mais tempo. Se tiver algum problema no carro, mais tempo ainda. A partir dessa mesma analogia, quando damos a estimativa de um projeto, colocamos segurança adicionada ou o chamado *buffer*. Isso significa que, se tratarmos nosso projeto como nossa ida de casa até a praia, iremos estimar cinco horas, pois sabemos que é normal que isso ocorra. Não é o fato mais provável, mas há uma probabilidade, e para evitar que tenhamos que nos explicar depois, normalmente incluímos a tal segurança adicionada ou *buffer*.

Lembre-se disso: quanto maior a incerteza, maior a segurança adicionada ou *buffer*.

Como normalmente fazemos referência à lei de Murphy, colocamos uma segurança adicionada e, muitas vezes, elevada para ficarmos protegidos dos atrasos.

Culpar os níveis hierárquicos mais baixos por exagerar na segurança, impactando orçamentos e datas, ou culpar os níveis mais altos por remover toda a segurança, deixando a atividade sem proteção, não é o caminho para resolver o problema do caos.

Novamente, nesse caso, temos a saída criativa de Eliyahu M. Goldratt, que sugere mover o *buffer* de todas as frentes para o final do projeto para que seja monitorado pelos níveis hierárquicos mais altos e utilizado sempre que necessário, alertando de forma proativa e permitindo que os executivos tenham tempo de realocar outras equipes para recuperar o atraso sem ter que aumentar o número de recursos ou o paralelismo do programa ou projeto.

Analogia entre produção e projetos

Os atrasos na produção de uma peça estão normalmente ligados ao atraso das filas de montagem de cada parte da peça. Uma parte da linha de montagem com fila acumulada atrapalha e atrasa a entrega final do produto. O mesmo é visto em projetos. Colocamos tanta segurança adicionada em cada fase que acabamos impactando o projeto final.

"Caso as mudanças de escopo e prazo sejam inevitáveis, o PMO ou o GP devem logo verificar que foram alocados para trabalhar em um novo programa/projeto e, assim, identificar rapidamente quais são os principais *stakeholders*, seus históricos e soluções encontradas em crises anteriores"

Cada fila acumulada gerando atraso na corrente como um todo cria um impacto financeiro e no tempo estimado de *payback* (retorno do investimento), pois continuamos atrasando. Cada mês de atraso significa um mês a mais de aluguel, recursos e fornecedores.

O caminho crítico determina o tempo necessário para terminar o projeto. Qualquer atraso no caminho crítico atrasará sua conclusão. Como temos "gorduras" adicionadas a cada etapa do projeto, normalmente tentamos recuperar o tempo aumentando o paralelismo, colocando todas as tarefas possíveis iniciando o mais cedo possível.

Deveríamos pensar um pouco antes de tomar a decisão de paralelizar atividades, pois, ao iniciar todo o trabalho em paralelo, o mais rápido possível, iremos adicionar "gordura" a todas as atividades, já que todas terão "gordura" até chegar ao caminho crítico. Isso significa que se todas forem consumidas totalmente sem impactar o caminho crítico, mesmo que pareça estar tudo sob controle, na prática significa que todas estouraram o orçamento previsto, causando enormes impactos financeiros no projeto como um todo.

Segundo a Teoria das Restrições (T.O.C.), uma opção seria iniciar as tarefas fora do caminho crítico o mais tarde possível para adiar os investimentos até quando elas forem realmente necessárias. Por outro lado, se começarmos todas as atividades nas suas datas mais próximas, o GP vai ter que lidar com muitas coisas ao mesmo tempo e tenderá a perder o foco, o que não deve acontecer.

Para exemplificarmos, suponha um projeto de implementação de um sistema com as seguintes atividades: assinatura de documentos de escopo, desenvolvimento do sistema, planejamento de teste do usuário, teste unitário, teste do sistema, teste do usuário. Na primeira parte da tabela a seguir tem-se o caminho crítico, com "gordura" mantida por todo projeto e atividades iniciando o antes possível. Já na segunda parte da mesma tabela, tem-se a corrente crítica com redução de 25% de cada atividade e transferência do *buffer* para o final do projeto. Para facilitar o cálculo e o entendimento, colocamos tarefas com duração de 4 ou 8 meses na primeira parte da tabela e movimentação da "gordura" de 25% para o final do projeto na segunda parte da tabela.

Caminho Crítico

	Jan-19	Feb-19	Mar-19	Apr-19	May-19	Jun-19	Jul-19	Aug-19	Sep-19	Oct-19	Nov-19	Dec-19	Jan-20	Feb-20	Mar-20	Apr-20	May-20	Jun-20	Jul-20	Aug-20	Oct-20	Nov-20	Dec-20
Assinatura de documentos de escopo	Caminho Crítico																						
Desenvolvimento de um sistema		Caminho Crítico																					
Planejamento de teste de usuário			1	1	1	1																	
Teste unitário						1	1	1	1														
Teste do sistema										Caminho Crítico													
Teste do usuário																Caminho Crítico							
Paralelismo	1	2	3	3	2	3	2	2	2	1	1	1	1	1	1	2	2	1	1	1	1	1	1

Corrente crítica

	Jan-19	Feb-19	Mar-19	Apr-19	May-19	Jun-19	Jul-19	Aug-19	Sep-19	Oct-19	Nov-19	Dec-19	Jan-20	Feb-20	Mar-20	Apr-20	May-20	Jun-20	Jul-20	Aug-20	Oct-20	Nov-20	Dec-20
Assinatura de documentos de escopo	Corrente Crítica																						
Desenvolvimento de um sistema				Corrente Crítica																			
Planejamento de teste de usuário													Corrente Crítica										
Teste unitário							Corrente Crítica																
Teste do sistema										Corrente Crítica													
Teste do usuário																Corrente Crítica							
"Gordura"																						1	1
Paralelismo	1	1	1	1	1	1	2	2	2	1	1	1	2	2	2	1	1	1	1	1	1	1	1

Agora vamos verificar em impactos de paralelismo e de atrasos como o T.O.C. faz a diferença.

Comparando os dois métodos, caminho crítico e corrente crítica, verificamos que, para o método corrente crítica, o paralelismo tende a diminuir no início e manter-se controlado durante todo o projeto. Caso tenhamos atraso:

- **No método de caminho crítico**: vamos supor uma semana de atraso; automaticamente teremos atraso no projeto em uma semana, tendendo a aumentar ainda mais o paralelismo para recuperar a data do projeto e aumentar ainda mais o número de recursos e impactar o orçamento.

- **No método de corrente crítica**: supondo também uma semana de atraso; a "gordura" começa a ser consumida e a tarefa em atraso é automaticamente exposta, permitindo o foco da gestão na tarefa em atraso sem impactar atrasos no projeto como um todo. Ao mesmo tempo, permite que PMO e GP verifiquem equipes adiantadas ou dentro do prazo, para que estas auxiliem na recuperação do atraso, sem aumentar o número de recursos. Isso minimiza o risco de aumento de paralelismo e risco de impactos no orçamento.

"Quanto maior a incerteza, maior a segurança adicionada"

Quando o GP ou o PMO perdem o foco, o projeto provavelmente irá atrasar. É como se o maestro da orquestra não soubesse mais o ritmo, onde está e aonde tem que ir. Qualquer atraso no caminho crítico atrasará todo o projeto.

O progresso no caminho crítico deverá sempre ser o foco do PMO e GP. Mesmo que determinada tarefa, que não esteja no caminho crítico, termine no prazo, o projeto terá que esperar pelas demais atividades do caminho crítico; assim, você estará cometendo um erro ao iniciar o investimento antes do tempo para determinadas entregas que poderiam aguardar mais tempo, já que não deveriam ser o foco do projeto. A consequência disso é um potencial atraso na entrega do projeto.

"Quando o GP ou o PMO perdem o foco, o projeto provavelmente irá atrasar. É como se o maestro da orquestra não soubesse mais o ritmo, onde está e aonde tem que ir"

Essa condição é fácil de ser comprovada em engenharia de produção e mundialmente aplicada, pois a velocidade da produção é medida pela velocidade da operação mais lenta. Por esse motivo, nunca devemos aplicar mais força na operação que já está produzindo mais, pois a organização depende de todas as operações do processo produtivo para entregar o produto final.

Assim, se vários produzem rapidamente e uma operação é extremamente lenta, todos que estão produzindo rápido estão causando prejuízo para a empresa, uma vez que estão aumentando o inventário em vários pontos da cadeia produtiva que não podem ser vendidos até que o mais lento alcance a diferença. Na prática, isso representa um enorme impacto financeiro, já que inventário parado significa investimento parado. O mesmo ocorre em projetos. Mesmo não sendo tão fácil notar, um GP ou um PMO experientes podem verificar que um maior paralelismo no início, mesmo que a tarefa termine antes do prazo, faz com que toda a equipe fique parada esperando que o caminho mais lento termine para que possa continuar. Sabemos que em grandes projetos temos milhares de atividades e não apenas seis, como foi demonstrado no exemplo da tabela anterior, e a "gordura" não é identificada e movimentada de forma tão simples. A ideia é utilizar a T.O.C. com a experiência profissional do GP e do PMO de forma a fazer um plano que minimize bastante o risco de aumento de paralelismo e o impacto no orçamento, movimentando adequadamente a "gordura" para o final do projeto. Isso irá contribuir em seu monitoramento para o consumo da "gordura" de maneira adequada, com alertas imediatos, permitindo ações rápidas de ajuste e mantendo o projeto estável, dentro do tempo e do orçamento planejados. Uma ferramenta bastante utilizada para esse monitoramento é o conceito PPM (*Project Portfolio Management*) que permite o planejamento com base na "gordura" compartilhada e no vínculo das tarefas iniciando o mais tarde possível, além de alertas de atividades que iniciam o consumo da "gordura" da corrente crítica.

Uma forma de iniciar o trabalho de planejamento com base no T.O.C., evitando ou diminuindo o paralelismo, é fazer um macrocronograma das atividades principais de um projeto no modelo de caminho crítico, sem remover as "gorduras", e outro com base no modelo de T.O.C., movendo a "gordura" para o fim do projeto – neste último modelo, fazendo com que a "gordura" fique no caminho crítico.

Como PMO ou GP, é preciso ter cuidado emocional para evitar que seja o próprio causador do paralelismo. Opções alternativas, como Scrum e T.O.C., com a utilização de "gordura", são realmente necessárias, mas só são eficazes se utilizadas estrategicamente. Esperamos que este capítulo ajude o PMO ou o GP a ter ideias criativas com autocontrole em projetos onde haja necessidade de aumentar o paralelismo para entrega.

Capítulo 7
Controle seu inconsciente

Tomamos contato com o mundo a partir de nossos cinco sentidos. As informações são continuamente enviadas e processadas por nosso cérebro. Muitas dessas informações são repetidas por semanas ou meses. Isso acaba fazendo parte de nosso inconsciente e ficamos condicionados a uma lista de atividades como se fossem programadas e diárias. Inconscientemente, tentamos fazer com que tais atividades continuem na mesma ordem de execução.

Gostamos de tomar café da manhã no mesmo horário, estacionar o carro no mesmo local ou área do shopping, almoçar perto do meio-dia e descansar nos finais de semana. Mantemos essa rotina mesmo que inconscientemente, pois fomos condicionados a ela. Esse condicionamento é benéfico e necessário. Mas, em alguns casos, pode trazer efeitos colaterais não desejáveis em ambientes de projetos.

No livro "O Poder do Hábito", de Charles Duhigg, notamos que temos todo um contexto relacionado ao início de nossa rotina do dia. No caso do café matinal, por exemplo, acordamos com sono e, ao tomar café, que faz parte do nosso hábito, obtemos uma recompensa: ficamos despertos e o sono passa. O mesmo ocorre quando temos o hábito de tomar banho pela manhã. Como recompensa após o banho, ficamos despertos e mais dispostos. Depois que estabelecemos nossos hábitos, nosso dia não será bom se não tomarmos café ou não tomarmos o banho matinal, pois estaremos durante todo o dia com sono e cansados. Isso entra em nosso inconsciente. Embora esses hábitos sejam positivos, existem aqueles que podem ser prejudiciais. Considere um casal no início de uma crise: o cérebro humano sempre tentará evitar a dor e o sofrimento e estará sempre procurando formas de compensar o estresse. Isso pouco a pouco acaba tornando-se rotina. O homem pode sair de casa sempre que uma crise ocorre, buscando relacionamentos extraconjugais, bebida, jogos ou simplesmente passar mais tempo com seus amigos que com sua família. Já a mulher pode inconscientemente dedicar-se mais aos filhos. Em ambos os casos, pouco a pouco a rotina vai se fortalecendo. Esse contexto fica vinculado a um pequeno estresse ou simples pensamentos e, inconscientemente, o casal acaba se afastando e criando hábitos que tornam praticamente impossível uma reconciliação. Os hábitos familiares de companheirismo antes da crise pouco a pouco são substituídos pelos hábitos individuais. Para recuperar a crise de um casal ou a crise em um projeto, é necessário modificar seus hábitos.

Na vida pessoal ou profissional, nossos hábitos podem nos ajudar ou nos prejudicar. Entender como os hábitos manipulam nossa mente é crítico para identificar os hábitos positivos, negativos e as técnicas para modificá-los. Vale ressaltar que um hábito pode ser modificado, desde que transmita a sensação de recompensa como a que o hábito negativo trazia anteriormente.

É preciso entender como vemos o mundo, a maneira como ele nos influencia, como nos condiciona e afeta nosso inconsciente, para só então ser possível controlar pontos importantes que podem causar impactos no dia a dia de trabalho e que são, muitas vezes, indesejáveis.

De acordo com Aldous Huxley, conhecido por romances como "Admirável Mundo Novo", as portas da percepção vêm através da percepção visual, auditiva, cenestésica, sentido olfativo e paladar. Em nosso dia normal de trabalho, constantemente recebemos informações de todas essas portas. Isso entra em nosso cérebro e as informações repetidas condicionam nosso modo de pensar, agir e reagir. Como nosso processo de percepção é subjetivo, você vê, escuta e entende aquilo que realmente quer absorver. Isso porque, além destas portas de entrada, também passa por um filtro determinado pelas nossas próprias características internas de nosso cérebro, nossa história de conhecimento e informações já armazenadas. Assim, cada um tem uma visão do mundo.

A maior parte de toda informação armazenada está fora do campo da consciência. Isso funciona dessa forma para evitar que tenhamos o tempo todo milhares de informações irrelevantes em paralelo com as atuais necessárias.

"Entender como os hábitos manipulam nossa mente é crítico para identificar os hábitos positivos e negativos e as técnicas para modificá-los"

Porém, como estão em nosso inconsciente, as informações se cruzam sem que possamos diferenciar as mais relevantes que estamos tratando no momento, provocando em alguns casos mal-estar vinculado a alguma recordação semelhante já vivida.

Uma música parecida com outra que agrada seus ouvidos pode lhe causar bem-estar. Entretanto, uma segunda música que lembre outra relacionada a infelicidade não irá agradá-lo, mesmo que no momento você não associe conscientemente uma música a outra. Esse vínculo está no seu inconsciente.

Cada pessoa tem uma das portas (visual, auditiva, cenestésica, olfativa e paladar) com mais influência do que outras. Conhecer a si mesmo e saber como isso funciona para você permitirá controlar melhor as mudanças e os aprendizados quando necessários.

Em projetos, em especial os de longa duração, muito tempo é gasto em cada grupo, especialmente em processos de planejamento, execução, monitoramento e controle.

Nesses casos, é comum nos condicionarmos a tratar esses processos como atividades comuns sem que houvesse uma data de término, mesmo que o cronograma indique a data alvo muito claramente a todos. Como são processos com duração de médio a longo prazo, e ao longo do tempo as pessoas começam a ter cada vez mais conhecimento sobre o projeto, elas adotam, de maneira inconsciente, uma postura de querer construir o melhor projeto possível, com o melhor escopo e qualidade possível.

Percebemos frases como: "sim, eu defini desta forma, mas se de outra forma fica melhor, vamos mudar. Temos que pensar na qualidade". Melhoria contínua é importante, mas para melhorar alguma coisa ela tem que estar relacionada de alguma forma com o processo de planejamento do projeto. Temos que saber que todo projeto tem que manter o equilíbrio entre escopo, tempo, qualidade e custo, pois seus recursos são finitos.

Em projetos complexos e longos, isso começa a ser um problema grave e difícil de controlar. É comum grandes projetos, por exemplo, de substituição de alguma plataforma sistêmica já existente, incluírem requisitos que não existiram no legado (sistema anterior) e que não estavam planejados na concepção do projeto. Porém, devido ao contexto do inconsciente, que explicamos anteriormente, as pessoas têm novas ideias no decorrer da execução dos processos do projeto que não são críticas e, se implementadas e incluídas no escopo, podem trazer grandes impactos aos resultados esperados do projeto.

"As pessoas começam a ter cada vez mais conhecimento sobre o projeto e adotam, de maneira inconsciente, uma postura de querer construir o melhor projeto possível, com o melhor escopo e qualidade possível"

O PMO deve estar atento a esses sintomas do inconsciente e, principalmente, deve saber lidar com isso para levar item a item a uma análise criteriosa, além de filtrar e evitar sempre que possível novos requisitos. Temos exceções: devido a mudanças de lei, como itens regulatórios, estratégias de mercado e motivações externas, podemos decidir mudar o escopo durante o projeto. Porém, quando é decorrente de processos inconscientes de mudança contínua, isso deve ser levado aos altos executivos e ao patrocinador do projeto, para que, juntos, direcionem a corporação como um todo no caminho do plano original. Um dos sintomas desse tipo de inconsciente pode ser a perda constante de datas de entrega, os conhecidos *milestones*, devido a mudanças constantes.

O papel do PMO é fundamental em estabelecer o controle de mudanças e o GP em identificá-las e executar o processo. O "caos" se instala quando não tratamos devidamente essas mudanças. Muitas vezes, esquecemos de registrá-las e monitorá-las, pois são encaradas, de maneira incorreta, como só mais uma pequena mudança. Acontece que, de pequena em pequena mudança, aquele gorila que deveria ser o escopo entregue torna-se um "King Kong" totalmente fora de controle. Nesse momento, temos uma evidência clara de que o objetivo do projeto não será alcançado, pelo menos não dentro das premissas previamente estabelecidas, firmadas na abertura da iniciativa.

"O PMO deve estar atento a esses sintomas do inconsciente e, principalmente, deve saber lidar com isso para levar item a item a uma análise criteriosa, além de filtrar e evitar sempre que possível novos requisitos"

Saiba entender esse fenômeno para atuar rápido e com o apoio dos *stakeholders* e, principalmente, do *sponsor*. A "consciência" do projeto agradece.

Capítulo 8

Cliente e fornecedor, parceiros ou inimigos?

Conforme o projeto avança e ganha corpo, a tensão aumenta. Duas figuras centrais surgem no cenário do seu projeto: o cliente e o fornecedor, que, dependendo das condições de disputa e conflitos, podem virar inimigos.

O cliente, contratante do projeto, será o grande beneficiado pela entrega do projeto. Já o fornecedor é o responsável pela entrega do produto do projeto e também deseja muito a entrega do projeto, para que suas condições dos serviços vendidos fiquem dentro do previsto.

Ambos precisam trabalhar de forma integrada. Normalmente, o fornecedor detém a maior parcela de atividades a serem coordenadas e executadas para a entrega do projeto. O cliente, por outro lado, tem o compromisso com seus consumidores (produtos ou serviços) para entregar os benefícios do projeto de acordo com o combinado. Quando o projeto começa a sinalizar que irá perder *baseline*, o relacionamento entre cliente e fornecedor entra em processo de atrito e precisa ser adequadamente gerenciado.

Embora o fornecedor não tenha a exposição assumida com o consumidor do cliente, ele tem sua responsabilidade, pois é pago pela entrega do projeto e também possui uma posição de mercado a zelar.

Quando os relatórios de status começam a apontar que o projeto pode ou vai atrasar, o PMO entra com forte trabalho junto aos fornecedores e ao cliente, monitorando, em certas circunstâncias, minuto a minuto, cobrando e exigindo que as atividades sejam cumpridas conforme o planejado. Quando isso ocorre, sabemos que pressão demais torna a convivência extremamente difícil.

São nesses momentos que o GP e o PMO têm duas funções básicas:

1. Trabalhar o cliente para balancear suas expectativas frente à real situação do projeto; embora o cliente exija a data inicialmente estabelecida no documento Termo de Abertura ou *Project Charter*, o cenário pode mudar em função de escopo não pensado, recursos mal posicionados ou outros milhares de fatores que podem mostrar que o plano original não é factível. Cabe ao PMO realizar uma comunicação objetiva, sem delongas, com o cliente, nem menos, nem mais.
2. Trabalhar o fornecedor para que ele compreenda que é preciso buscar *catch-up plans* (planos de recuperação) que tragam o menor impacto ao projeto, bem como garantir que este está fazendo de tudo dentro do seu alcance para entregar o projeto balanceando escopo, tempo, custo e qualidade. Nesse momento, a tática do paralelismo vem à tona. Mas cuidado: paralelismos têm limites, conforme abordamos anteriormente neste livro.

Quando o GP e o PMO assumem essas funções, os possíveis "inimigos" aos poucos desaparecem e surgem os parceiros, que irão se unir para juntos chegarem na reta final com o menor impacto a todos, mesmo que isso implique ao cliente decidir entrar mais a fundo, a ponto de apoiar o microgerenciamento do projeto, com ferramentas de gestão à vista, acompanhamento diário da equipe técnica para identificar gargalos e, junto ao fornecedor, rapidamente identificar meios de removê-los.

"Quando os relatórios de status começam a apontar que o projeto pode ou vai atrasar, o PMO entra com forte trabalho junto aos fornecedores e ao cliente, monitorando, em certas circunstâncias, minuto a minuto, cobrando e exigindo que as atividades sejam cumpridas conforme o planejado"

O PMO e o GP precisam atuar na mediação desse conflito, respeitando as regras existentes na empresa.

É importante que o PMO e o GP, mesmo quando não forem funcionários da própria empresa, conheçam o código de conduta do cliente, definido como as normas internas de relacionamento entre funcionários e fornecedores. Também devem conhecer o papel e o método de atuação das áreas de suprimentos e jurídica. Conhecendo esses pontos e a alçada que possuem dentro da organização, o PMO e o GP poderão administrar os conflitos e propor soluções aderentes ao ambiente onde o projeto está ocorrendo. Isso é importante para o próprio relacionamento do PMO e dos GPs com os funcionários da empresa, evitando que situações de conflito de interesse surjam de forma acidental.

Nesse momento, o PMO ou o GP terão que lidar com a mentira ou omissão de informações de forma diferente. Ampliando um pouco a visão que normalmente temos da mentira, o livro "PMO Peso Pesado" comenta que a maioria das pessoas tenta evitá-la. Mas, em alguns casos, devido às circunstâncias e à pressão psicológica, algumas pessoas tendem a evitar a verdade ou simplesmente omitir informações, pois estas podem trazer resultados desagradáveis. Vários estudos possuem opiniões divergentes sobre o uso da mentira. Segundo Platão, dependendo do motivo de sua aplicação, ela deve ser permitida, mas, de acordo com Aristóteles, Santo Agostinho e Kant, não. Pode parecer simples apoiar um ou outro, mas percebemos que a mentira está no nosso dia desde nossa infância. Quando uma criança ganha um presente que não gostou, os pais orientam seu filho a agradecer e falar que gostou. Quando uma pessoa educada encontra um idoso que sabe que passou por vários problemas de saúde e está bem debilitado, educadamente diz: "Nossa! Como você está bem". A sociedade usa a mentira diariamente desde sua infância para agradar e, em muitos casos, ela tem resultados positivos. Independentemente de valores pessoais, o fato é que ela faz parte da cultura humana e está inserida na vida pessoal e profissional.

No caso dos programas/projetos, o PMO ou o GP devem identificar omissões ou possíveis mentiras de informações e seus motivos, tanto do lado do cliente quanto do fornecedor. Como exemplo, pode ser que um fornecedor esteja mentindo para conseguir economizar o tempo que gastaria para explicar, replanejar, justificar, apontar culpados e utilizar esse tempo para recuperar o atraso. Outro pode até já estar em processo de recuperação do atraso que não está no caminho crítico, mas tiraria o foco da força tarefa caso tivesse que ficar justificando e exibindo planos de recuperações a todo momento. Em ambos os casos, quando o PMO ou o GP simplesmente reportam o atraso, quando já existe um outro ofensor no caminho crítico, é comum que o principal causador utilize a informação para criar disputas sobre quem realmente está causando o impacto na data final.

Por esse motivo, assim que identificar uma omissão ou mentira, é essencial separar as emoções e reportá-la de forma adequada, além de coordenar uma avaliação dos impactos, primeiro com o fornecedor e o patrocinador. É crítico que relatórios, informações ou comunicações relativas a esse tipo de descoberta fiquem restritos ao patrocinador e ao nível executivo do fornecedor, até que ambos estejam alinhados para publicar um comunicado formal do ocorrido. Caso contrário, especulações de *stakeholders* com fornecedores concorrentes ou outros colaboradores da empresa podem estabelecer o "caos" no programa/projeto. Assim, a forma como o PMO ou o GP devem tratar a mentira será decisória para instalar ou evitar os efeitos do "caos".

"Em alguns casos, devido às circunstâncias e à pressão psicológica, algumas pessoas tendem a evitar a verdade ou simplesmente omitir informações, pois estas podem trazer resultados desagradáveis"

Capítulo 9
Equipes deslocadas

Existem equipes deslocadas ou esquecidas que podem ser críticas e impactar a "homeostase" do projeto e/ou programa, facilitando o "caos" se não forem inseridas nas comunicações e nos monitoramentos. Essas equipes podem recuperar a relevância de liderança e a motivação que o PMO ou o GP devem estimular na equipe do projeto.

É muito comum termos um número enorme de equipes em programas ou projetos complexos. Algumas devem estar totalmente integradas com praticamente todo o programa, alinhadas com vários projetos em paralelo, a exemplo da equipe de *Change Management*. Outras podem trabalhar mais separadamente do programa, como uma "caixa preta" (sem grandes comunicações perante a estrutura do projeto), apenas tratando de alguns entregáveis em momentos específicos do projeto.

As equipes com pouca interação e as que têm muita interação devem ser ambas monitoradas, a fim de garantir que estejam alinhadas e que seus membros estejam acompanhando as atividades do programa em alto nível. Estes devem garantir que as atividades relevantes para suas frentes estejam planejadas e detalhadas de forma suficiente para que sejam monitoradas, executadas e entregues dentro do tempo e, assim, não impactar o caminho crítico do projeto.

Quanto maior o programa, mais complexo para garantir que o plano seja acompanhado nesse nível de detalhes pelas equipes responsáveis.

É importante que o PMO saiba quais são as equipes de maior e menor impacto no programa, para garantir que todas estejam recebendo as informações relevantes de planejamento e que atualizem seus próprios planejamentos para acompanhar o programa, a fim de terminar suas tarefas dentro do tempo necessário e alinhadas com os *milestones* do programa relativo à frente de cada equipe.

Uma forma de minimizar o risco de atraso é criando controles de prontidão. Você pode definir regras com base histórica em projetos anteriores para calcular a prontidão da equipe. Por exemplo: na construção de um prédio de luxo, a equipe de acabamento não está muito envolvida na construção durante as fases anteriores. Porém, os produtos que devem ser utilizados no acabamento são caros, distintos e devem ser especificados, aprovados e desenvolvidos em paralelo desde o início do projeto da construção. Nesse caso, podemos colocar um medidor de prontidão que controle o progresso da especificação dos produtos, para garantir a aprovação pelos *stakeholders*, verificar o progresso do desenvolvimento e checar a data de entrega dos produtos.

O controle de prontidão estará diretamente vinculado ao modelo de desenvolvimento do produto ou serviço, podendo ser aplicados os tipos: preditivo, iterativo, ágil ou um modelo híbrido. Os controles de progresso e prontidão devem ser criados e monitorados com base em históricos de projetos anteriores e experiência profissional. Alguns exemplos de aplicação: geração de visibilidade na "linha do tempo" para alocação de recursos e para definição dos produtos, controles para aprovação de serviços na área de suprimentos e entrega destes.

O PMO ou o GP devem motivar, ser como mentores ou líderes para as equipes mais envolvidas no projeto, e o mesmo papel deve ser feito com as equipes deslocadas ou esquecidas. Normalmente as equipes deslocadas têm pouca flexibilidade na gestão ou comunicação, as informações estão centralizadas no gerente de negócios e todos são tratados praticamente da mesma forma. Cabe ao PMO e GP mudar essa postura.

Isso significa que podemos ter estagiários, profissional júnior, pleno e sênior, e cada um deve ser tratado de forma diferenciada em um projeto, para que sejam motivados e liderados adequadamente. Mas, na prática, podemos ver exatamente o contrário. Por estarem acostumados a cobrar, monitorar e reportar, o PMO ou o GP muitas vezes nivelam a cobrança, o monitoramento e até mesmo ajudam o gerente funcional ou executivo a centralizar a gestão. Exemplo: tarefas complexas entregues a estagiários e profissionais juniores, gerando a expectativa de resultados relevantes dentro da data, porém atividades estas que deveriam ser remetidas a profissionais plenos ou experientes. Também vemos o contrário: atribuição de tarefas ou desafios simples para profissionais seniores, apenas para ocupar o tempo e dar ordens em soluções previamente orientadas. Em ambos os casos, desmotivamos os colaboradores da equipe, abrindo espaço para a instalação do "caos".

O correto é dar ordens de forma clara e com soluções previamente orientadas para que o liderado execute a tarefa sem muita dificuldade e com total suporte do líder, e para que o sênior tenha liberdade para escolher a melhor forma de solucionar o problema, pois, na maioria dos casos, ele tem muito mais conhecimento que o líder (exemplo para execução de uma função técnica). Aqui, o líder deve apenas delegar a responsabilidade, planejar as datas de entrega e cobrar os resultados. Parece simples, mas podemos encontrar na correria de um programa/projeto casos em que essas regras básicas são esquecidas e sênior fazendo tarefa de estagiário e vice-versa, gerenciados de forma incompatível com seu nível de experiência. Isso causa desmotivação por insegurança dos menos experientes e por desrespeito aos mais seniores, além de impactar negativamente a autoestima de ambos. A melhor forma de estar com a "saúde da empresa" preparada para lidar com as incertezas do "caos" é manter a equipe motivada, com autoestima elevada em todos os níveis hierárquicos, estagiário, júnior, pleno e sênior. Dessa forma, independentemente da crise, suas chances de reestabelecer a "homeostase" do programa ou projeto o mais rápido possível serão maiores.

Sempre foque em liderar, motivar e estimular a autoestima de todos os níveis hierárquicos das áreas envolvidas no programa ou projeto.

"O PMO ou o GP devem motivar, ser como mentores ou líderes para as equipes mais envolvidas no projeto, e o mesmo papel deve ser feito com as equipes deslocadas ou esquecidas"

O PMO pode descobrir o atraso de um item crítico tarde demais e quando pergunta à equipe por que eles não informaram antes que iriam atrasar, a resposta poderá ser: "não tivemos atraso, foram planejados "x" dias e entregamos em "x" dias. O problema é que a outra equipe que deveria entregar o produto ou serviço para nosso cronograma atrasou "y" dias e isso não é de nossa responsabilidade". Cabe ao PMO ter conhecimento, controlar e reportar devidamente os atrasos.

Esse ponto expõe o PMO e o coloca em situação delicada. É extremamente relevante que todos os líderes de equipe tenham visão de projetos e entendam que é de vital importância ajudar o PMO no monitoramento do projeto, entendendo que ele é parte do projeto e que se cada líder de equipe atuar com essa postura, o monitoramento e as datas tendem a ser mantidos. Caso ocorra o oposto, estaremos permitindo que coloquem os projetos/programas em risco de extrapolar as datas de entrega. Por isso, é muito importante o treinamento não somente dos gerentes, mas também dos coordenadores e líderes de equipes para que também compartilhem dessa visão.

Note que, ao dar o exemplo e tratar cada nível hierárquico da forma correta, com respeito, escutando e entendendo suas preocupações, você estará criando vínculo profissional e afetivo. Lembre-se de que normalmente o PMO ou o GP provavelmente passarão mais tempo com essas pessoas do que com sua própria família. É muito mais saudável pessoalmente, e produtivo profissionalmente, estabelecer vínculos positivos com a maior parte possível dos colaboradores envolvidos no programa/projeto, e não apenas com o nível executivo ou com o patrocinador.

Portas abertas

A comunicação deve ser transparente e aberta por parte de todos os colaboradores com os GPs e PMOs. Essa mensagem dever ser clara. Nos projetos, é vista a tendência de o líder funcional experiente centralizar as informações e somente ele compartilhar o progresso para os PMOs. Essa postura cria uma "visão míope" do progresso. Quanto mais livre a informação para fluir entre as equipes, GPs e PMOs, maior a chance de encontrar os problemas dentro do tempo para corrigi-los sem impactar a data do projeto. Essa mensagem de livre fluxo de informação deve vir do *sponsor* e dos altos executivos do cliente.

Projetos complexos estão no meio do "caos". O PMO não conseguirá monitorá-los no nível de detalhe de cada tarefa. Nesse caso, é preciso garantir que todos os gestores estejam comprometidos com o programa e atuem ajudando o PMO sempre que tiverem informações relevantes. Em troca, o PMO terá uma quantidade de informações maior que permitirá minimizar o risco de perda de datas e encontrar problemas em tempo de correção antes de impactar o programa. Como efeito colateral, a quantidade de informação recebida e de riscos apontados será muito superior ao normal. Isso sobrecarregará a equipe de PMOs para filtrar dentro dessa elevada quantidade de informação quais podem colocar a data em risco, quais devem ser foco do executivo ou quais devem ser simplesmente tratadas internamente pela equipe. Mesmo quando sobrecarregado, o PMO deve continuar incentivando o compartilhamento de informações e o livre fluxo de comunicação. A sobrecarga é um problema da equipe de PMOs que deve ser tratada internamente. Deixar de suportar o livre fluxo de informação por falta de recursos colocará o projeto/programa em risco, pois retornará ao modelo de "visão míope" de gestão de informação. O mesmo vai ocorrer com o coordenador e gerente da frente, pois assim que o fluxo livre de informação ocorrer, o volume de interação entre a equipe e os PMOs irá aumentar drasticamente.

O modelo de "portas abertas" é muito mais eficaz que o modelo tradicional centralizado de informação, mas somente funciona se a cultura organizacional, o *sponsor* do projeto e o PMO apoiarem e incentivarem essa abordagem, mesmo sabendo que ela exige drasticamente um volume maior de análise, interação, comunicação, monitoramento e controle de riscos e itens de prontidão.

As equipes deslocadas ou esquecidas representam uma das áreas de relacionamento mais complexas de ajustar dentro de uma organização. Lembre-se de que a organização é composta por seres humanos, com cultura comum entre eles. Ao tocar no ponto de ajuste e modificação da comunicação, estará tocando em pontos sensíveis de líderes, PMOs e até mesmo do próprio patrocinador, que pode se sentir pressionado por ambas as partes, seja pelo PMO e pelo GP, que pedem suporte para ter mais visibilidade, ou pelos líderes funcionais, que querem ter liberdade de gestão, mesmo que isso signifique centralizar informação.

O nível de liberdade de comunicação que você como PMO ou GP irá conseguir dependerá muito da cultura organizacional. Quanto maior for a cultura de "portas abertas", mais fácil será conseguir acesso livre à informação. Saiba respeitar os limites que até mesmo seu patrocinador tem politicamente de influenciar, pois nem mesmo o *sponsor* será capaz de mudar a cultura da organização sem aplicar mudanças drásticas na estrutura organizacional, o que muitas vezes não é viável, pois poderá impactar o posicionamento estratégico da própria empresa.

Uma empresa de marketing, por exemplo, geralmente tem "portas abertas" para incentivar a criatividade. Uma empresa que lida com dados estratégicos de clientes pode adotar uma postura de "portas fechadas" e centralizada para garantir que somente informação não confidencial seja liberada.

A cultura organizacional está normalmente ligada ao seu posicionamento estratégico. Por isso, antes mesmo de iniciar uma negociação por liberdade de acesso à informação, tente antes entender o posicionamento estratégico da organização e sua cultura interna.

Procure encontrar os reais motivos dos atrasos comunicando-se de forma separada com níveis diferentes de colaboradores, pois, devido à distinta visibilidade de cada nível hierárquico, você conseguirá respostas diferentes que aparentemente serão contraditórias, mas na prática são complementares. Por exemplo: um gerente tem visibilidade de que vários contratos e acordos estão sendo fechados com um mesmo fornecedor, que não possui capacidade para executá-los em paralelo conforme contratado. Nesse caso, veremos que os contratos mais prioritários tendem a ser executados dentro do prazo e os de menor prioridade tendem a atrasar.

Quando este exemplo ocorre, é comum encontrarmos o seguinte padrão: quanto mais baixo o nível hierárquico, maiores as explicações quanto a motivos de atrasos e estouros no orçamento relativos a gestões internas. Isso acontece porque normalmente o nível hierárquico mais baixo não tem acesso a todas informações estratégicas por falha na comunicação ou por motivos estratégicos em manter a informação restrita. A missão do PMO ou GP é filtrar e validar também os pontos levantados por níveis hierárquicos mais baixos.

"O modelo de "portas abertas" é muito mais eficaz que o modelo tradicional centralizado de informação, mas somente funciona se a cultura organizacional, o *sponsor* do projeto e o PMO apoiarem e incentivarem"

Temos problemas onde o alto nível hierárquico pode ter assumido o risco de entregar vários projetos em paralelo para o mesmo fornecedor, mesmo sabendo da alta probabilidade de atraso. Isso não significa obrigatoriamente que essa decisão seja equivocada, pois pode ter levado em consideração que o fornecedor é o mais qualificado e que já possui uma parceria de anos que permite um conhecimento aprofundado do negócio da empresa. Assim, a estratégia de arriscar e atrasar alguns projetos do programa para manter uma qualidade melhor pode ser a mais correta.

Normalmente, como os níveis hierárquicos mais altos da corporação sabem dessa estratégia e dos riscos assumidos, teremos como efeito colateral o apontamento do atraso por parte dos analistas e coordenadores, pois estes podem estar participando de um projeto com menor prioridade que acaba atrasando para garantir a entrega de um projeto com maior prioridade. Quando isso ocorre, a capacidade de comunicação do PMO é essencial para conseguir reverter ou minimizar essa situação: primeiro verificando como poderia ser comunicado para os níveis mais baixos que o atraso não foi causado pela gestão interna, mas por uma decisão estratégica de assumir um risco da alta hierarquia da organização. Lembrando que, em alguns casos, por motivos políticos internos ou mesmo por estratégia, essa informação não poderá ser divulgada oficialmente por completo. Com isso, o PMO pode tentar negociar com os executivos a publicação de que o atraso ocorreu devido à capacidade de fornecedores, que é correto, e que um plano mais realista será publicado em uma data definida.

É importante remover a frustação dos colaboradores que não têm visibilidade estratégica de que o atraso é devido à gestão interna, a fim de evitar a desmotivação da equipe e um efeito negativo prolongado – mesmo quando o fornecedor é capaz de recuperar, a equipe não permanece engajada, pois deixou de acreditar na capacidade do fornecedor e nos líderes internos.

O PMO tem um papel crítico nesse contexto de conseguir abrir uma comunicação com os executivos e permissão para expor problemas sem liberar informações estratégicas confidenciais, além de elaborar uma comunicação simples e clara para os níveis mais baixos saberem que suas reclamações foram ouvidas.

A partir desse alinhamento e replanejamento, o PMO tende a conseguir os seguintes resultados positivos:

- Plano mais realista, mesmo que ainda agressivo, respeitado pelos níveis hierárquicos mais baixos e mais altos.
- Equipes mais motivadas.
- Equipes mais alinhadas com a estratégia do programa.
- Remoção da sobrecarga de cobrança indevida pelo atraso na equipe, pois agora está claro que o atraso não ocorre devido a problemas internos e o replanejamento ajusta a carga de cobrança à nova realidade.
- Respeito dos níveis hierárquicos mais baixos com relação aos PMOs, pois, neste caso, ocorreu uma visão nítida de valor agregado do trabalho gerado pelo PMO.

É importante identificar também a postura dos executivos da organização com relação aos seus colaboradores. Douglas McGregor chegou à conclusão de que a visão dos executivos em relação à natureza dos seres humanos se baseia em algumas premissas e que tendem a ajustar seu comportamento em relação aos funcionários de acordo com essas premissas. Esse comportamento impactará a cultura organizacional como um todo considerando a gestão da motivação e a liberdade de comunicação.

De acordo com McGregor, temos quatro premissas dos executivos com relação à "teoria X", que é negativa.

1. Os funcionários não gostam de trabalhar e tentarão evitar o trabalho sempre que possível.
2. Precisam ser coagidos e controlados com punições para atingir as metas.
3. Evitam responsabilidades e querem orientação formal.
4. Colocam a segurança acima de todos os fatores relacionados ao trabalho e demonstram pouca ambição (ROBBINS, 2002, p. 153).

Também temos quatro premissas dos executivos com relação à "teoria Y", que é positiva.

1. Os funcionários podem considerar o trabalho bom e natural, equivalente a se divertir ou descansar.
2. Auto-orientação e autocontrole se estiverem comprometidos com os objetivos.
3. Aprendem a aceitar ou até a buscar responsabilidade.

4. Todos têm capacidade de tomar decisões inovadoras e ela não é privilégio de posições hierárquicas mais altas.

Na escala das necessidades de Abraham Maslow, temos a seguinte ordem de necessidades:

1. **Fisiológicas (descanso).** Primeiro quadrante da pirâmide, focado nas necessidades básicas do ser humano. Por exemplo: fome, sede, respiração, sexo, excreção, abrigo.
2. **Segurança (estabilidade, emprego, condições de trabalho, remuneração, benefícios).** Segundo quadrante da pirâmide, focado na segurança. Exemplo: dentro de casa, no trabalho, planos de saúde, plano odontológico.
3. **Sociais (amizade, interação, gerente amigável).** Terceiro quadrante, focado em permitir que o indivíduo se sinta parte de um grupo social. Exemplo: amigos, família, grupo religioso.
4. **Estima (responsabilidade, orgulho, reconhecimento, promoções).** Quarto quadrante, focado em reconhecimento da própria capacidade por si mesmo e também ser reconhecido por outras pessoas, ser respeitado por si e por outros indivíduos, envolvendo poder e reconhecimento pelos grupos de que faz parte.
5. **Autorrealização (criatividade, diversidade e autonomia, participação nas decisões).** Quinto e último quadrante, focado em aproveitar todo o potencial de um indivíduo, com autocontrole de suas ações, independência, podendo fazer aquilo de que gosta com satisfação.

Executivos e consequentemente a organização que foca na "teoria X" de McGregor estarão mais focados nos quadrantes 1, 2 e 3 de Maslow, pois acreditam que este é o foco de maior importância para seus colaboradores. Em contrapartida, os executivos e suas organizações que focam na "teoria Y" de McGregor estarão mais focados nos quadrantes 4 e 5 de Maslow, pois acreditam ser de maior importância para seus colaboradores.

"É importante remover a frustação dos colaboradores que não têm visibilidade estratégica de que o atraso é devido à gestão interna, a fim de evitar a desmotivação da equipe e um efeito negativo prolongado"

Com o surgimento da "geração Y", muitas empresas e executivos tiveram que rever suas premissas, pois esta geração está mais focada no balanço da vida pessoal e profissional. Tratá-la no modelo da "teoria X" de McGregor tem efeito direto de desmotivação e perda de talentos.

Esse é um motivo muito forte para evitar possuirmos equipes deslocadas ou esquecidas, pois normalmente estas podem ser reflexo de resquícios de gestão baseada em premissas da "teoria X" de McGregor, bloqueando a liberdade e concentrando o comando, por exemplo. Ajude a comunicar este fato ao executivo responsável para tentar contornar o problema e alinhar com a nova gestão da organização. Mas se a decisão da empresa for manter a gestão com base na "teoria X", será importante você se ajustar à cultura organizacional e buscar as informações diretamente com os níveis hierárquicos responsáveis pelas tarefas do projeto.

> "Conheça todas as teorias, domine todas as técnicas, mas ao tocar uma alma humana, seja apenas outra alma humana."
>
> Carl Gustav Jung

Capítulo 10
Fazendo amigos

Ao longo do projeto, é incontestável que é preciso construir relacionamentos. Inimigos criados e barreiras serão colocados entre você e o projeto, e as chances de lidar com as crises provocadas pelo "caos" e realizar uma entrega bem-sucedida reduzirão muito.

Todavia, como fazer amigos em meio a milhares de cobranças e escalações que você realiza como PMO ou GP? É possível mesmo? Você deve estar se perguntando.

O "fazer amigos" aqui não é o conceito de amizade que você tem na vida social. Amizade aqui é ter as pessoas unidas, comprometidas e engajadas em um objetivo comum e alicerçadas pelo contexto do respeito nas duas direções. Com esses ingredientes, você estará diante da verdadeira amizade de projeto.

Cuidado com a amizade em projetos no conceito social. Quando amigos sociais se formam em projetos, o GP e o PMO precisam ter maturidade emocional para separar e não deixar que a amizade construída fora do âmbito de projeto interfira no dia a dia da gestão de projetos. Se tal interferência acontecer, você poderá ter sérios problemas para conseguir medir o real progresso de um projeto. O *status report* ou relatório de status pode ser comprometido, visto que amigo não denuncia amigo, e, neste caso, você estará sendo parcial.

Além disso, amigo não cobra amigo e, assim, a lista de pendências só tende a aumentar e trocar as datas programadas em cronograma por "TBDs" (*To Be Defined*), pois as datas se perderão ao longo do tempo e dificilmente serão substituídas por novas.

Não é que sejamos contra amizades em projetos: isso contribui para o ambiente de projetos de maneira motivacional, porém se elas não forem bem dosadas, os impactos a médio e longo prazo serão gigantescos. Uma vez feita a amizade no conceito social, qualquer movimento que possa colocá-la sob risco será evitado sempre que possível, por quaisquer das partes envolvidas.

Procure identificar amizades sociais e trabalhar junto aos responsáveis para não permitir que isso interfira nos resultados que o projeto deve entregar. Em último caso, você tem a responsabilidade de delegar para a alta gerência, para que medidas sejam tomadas, tudo visando a "saúde do projeto".

"O GP e o PMO precisam ter maturidade emocional para separar e não deixar que a amizade construída fora do âmbito de projeto interfira no dia a dia da gestão de projetos"

Em projetos de grande porte, existem muitos fornecedores atuando em conjunto. Alguns deles, em outros negócios, podem ser parceiros ou concorrentes. Por isso, é importante que as pessoas engajadas no projeto conheçam os códigos de conduta de suas empresas e atuem de forma ética junto a seus colegas.

Novamente, estamos tratando de uma forma mais ampla a experiência e a senioridade do PMO ou GP. Lembre-se de que, ao evitar publicar um atraso tentando ajudar um amigo, você poderá sofrer advertência ou até mesmo demissão, colocando em risco o emprego de vários outros amigos colaboradores diretos e indiretos da empresa patrocinadora e impactando a família de todos, como comentamos no capítulo "Cliente e fornecedor, parceiros ou inimigos?" deste livro. Saiba ampliar sua visão do impacto e busque soluções, e não culpados.

Normalmente, um atraso nunca está relacionado apenas a uma pessoa. Caso algum colega esteja envolvido em atrasos que impactem o programa, você deve focar na solução do problema e não em ressaltar o culpado. Você deve buscar o suporte do patrocinador para seguir essa linha, pois buscar o culpado e puni-lo publicamente com uma advertência, na prática, irá gerar a "gestão pelo medo", culminando na tendência de inserir barreiras de comunicação e restrições indevidas de falar sobre atrasos para todos os colaboradores, tornando extremamente difícil identificar possíveis crises criadas pelo caos. Em uma "gestão pelo medo", mesmo que a crise já esteja ocorrendo, todos tendem a evitar falar sobre o tema. Estamos lidando com seres humanos e podemos ver como o efeito de punição pode bloquear a comunicação, como no exemplo das áreas onde o crime já está estabelecido. A sociedade local, a qual depende que o projeto de segurança dê certo e deseja o fim da violência, adota a lei do silêncio por sentir que existe um risco de ser punida severamente caso seja publicado um nome como responsável por reportar problemas e dar soluções.

Outro efeito colateral desse tipo de postura é a perda de talentos. Rick Tate e Dr. Julie White, no livro "People Leave Managers... Not Organizations!", explica que as pessoas deixam as empresas por causa dos líderes e não devido às organizações. Seja um líder inspirador, como PMO ou GP, passe segurança para os colaboradores e trabalhe sempre para focar em encontrar soluções em vez de buscar culpados, utilizando o suporte do patrocinador. Além disso, evite apontar culpados; isso deixará o ambiente muito mais saudável e estável, permitindo lidar com crises de forma mais fácil e rápida para manter a "homeostase" do programa ou projeto.

"Não é que sejamos contra amizades em projetos: isso contribui com o ambiente de projeto de maneira motivacional, porém se elas não forem bem dosadas, os impactos a médio e longo prazo serão gigantescos"

Capítulo 11
A influência do PMO na receita e no lucro

Neste capítulo, vamos tratar de um tema que não tem muito enfoque ou histórico relacionado ao PMO, analisado de forma contábil. O principal objetivo de programas ou projetos é desenvolver produtos ou serviços para manter retorno financeiro à empresa, controlando de forma clara suas despesas e fortalecendo suas receitas. Porém, ao perguntar ao PMO ou GP sobre seu valor agregado, dificilmente você obterá uma explicação clara e convincente. Iniciamos aqui um pequeno trabalho para motivar uma nova visão de PMO, buscando melhorar sua imagem no mercado corporativo em números e com clareza, pois se praticamente todos os relatórios e comunicações feitos pelos PMOs ou GPs necessitam de bases reais traduzidas em números, nada mais lógico que trabalharmos para transformar o seu valor agregado em números também.

De acordo com Osvaldo Ramos Tsan Hu, no livro "Guia visual da contabilidade", podemos ver a contabilidade como um sistema de informações gerenciais que capta, armazena, transforma e oferece informações para os vários *stakeholders* como Receita Federal, comunidade, concorrentes, fornecedores, clientes e usuários internos. Vamos considerar essa descrição e trazê-la para o PMO ou GP. Esta é uma área que eles também devem dominar, pois há relatórios que mostram de forma clara a saúde financeira do programa ou do projeto para os executivos, demais *stakeholders* e patrocinadores em curtos períodos de tempo. O PMO e o GP devem fazer o mesmo com seu trabalho, seja para mostrar seu valor agregado financeiramente e para sua própria autoanálise financeira relacionada com o programa/projeto, verificando se estão dando lucro ou prejuízo e se estão mais ligados à despesa ou à receita. Essa visão pode ajudar, por exemplo, a economizar alguns milhões de reais dentro de um projeto ou programa. Ao transformar o valor do PMO em valor monetário, fica muito mais fácil verificar se realmente seu trabalho está contribuindo com a organização que tem como objetivo principal de sobrevivência dar lucro.

Normalmente, o PMO estará ligado a despesas da empresa relacionadas a custos indiretos administrativos, também conhecidos como *overhead*, sem vínculo com receitas ou como seu trabalho impacta de forma positiva ou negativa a receita ou o lucro do negócio do fornecedor ou do cliente.

Caminho crítico

Quando o PMO garante que o caminho crítico está definido corretamente e expõe de forma clara as principais atividades paralelas que podem impactar o projeto, ele está desenhando o mapa do projeto/programa, os principais *milestones* e o caminho que deve ser percorrido na velocidade correta para que o projeto consiga alcançar o objetivo no tempo planejado e com a qualidade e os custos esperados.

Quando o PMO consegue monitorar e controlar os líderes responsáveis por cada tarefa do caminho crítico e pelas tarefas paralelas que podem impactá-lo, ele está definindo os principais responsáveis por levar o projeto em direção a seu objetivo no tempo, na qualidade e nos custos adequados.

Quando o PMO reporta o progresso da execução das tarefas do caminho crítico e tarefas paralelas que podem impactar o caminho crítico e possíveis riscos, problemas e soluções, ele está publicando o painel com o diagnóstico do projeto para os executivos responsáveis por manter a saúde do projeto estável durante todo o seu ciclo de vida.

"Ao transformar o valor do PMO em valor monetário, fica muito mais fácil verificar se realmente seu trabalho está contribuindo com a organização que tem como objetivo principal de sobrevivência dar lucro"

Exemplo:

Um construtor fecha um contrato para construção de uma casa própria. Neste caso, teríamos os seguintes passos:

1. Planta da casa
2. Regulamentação da planta na prefeitura
3. Base da construção
4. Subir parede
5. Encanamento
6. Poste de energia elétrica
7. Ponto de esgoto
8. Rebocar
9. Telhado
10. Reboque
11. Vidros e portas
12. Parte elétrica
13. Pintura
14. Caçamba de entulho
15. Compra de materiais elétricos
16. Compra de materiais para encanamento
17. Compra de materiais para acabamento
18. Compra de materiais para construção bruta (base, parede, laje)

Ao colocar todos esses itens em uma planilha para controle do progresso do projeto, verificamos que terminaríamos em seis meses, de forma realista, com os principais *milestones*:

1. Aprovação da planta para início das obras (4 semanas)
2. Base (4 semanas)
3. Paredes e laje (4 semanas)
4. Telhado (4 semanas)
5. Encanamento e parte elétrica (4 semanas)
6. Acabamento – reboque e pintura (4 semanas)

Vamos imaginar que o construtor contratou um PMO para ajudar a planejar, controlar e monitorar o projeto. Veja como o PMO pode influenciar positivamente ou negativamente na receita ou no lucro deste projeto. Considere os seguintes itens:

Despesas mensais previstas no projeto:

i. Caçamba de entulho = R$ 300,00/mês
ii. Aluguel de casa = R$ 1.700,00/mês
iii. Pedreiro (serviços + material) = R$ 5.000,00/mês

Nota: Tempo de construção planejado = seis meses

Isso significa que o gasto esperado com essas despesas durante o plano original do projeto é de R$ 42.000,00, e cada mês de atraso irá impactar no mínimo em um custo de R$ 7.000,00 por mês. Com base nessas informações, o proprietário da obra fechou o seguinte acordo com o construtor: cada mês de atraso na entrega da casa causa uma multa de R$ 1.700,00. Dessa forma, o contratante está dividindo o impacto do atraso com o construtor. Assumindo que o lucro do construtor seja de R$ 2.000,00 por mês, cada mês de atraso impacta em uma queda no lucro de R$ 1.700,00.

Baseando-se no exemplo, o PMO conhece o custo total da tarefa do caminho crítico e o impacto de solicitações de mudanças em custo e tempo.

- **Se incrementarmos outra variável, onde o proprietário faz um pedido para modificar a planta já aprovada.** O PMO irá expor de forma clara os impactos, influenciando a decisão do proprietário, pois conhece as tarefas em detalhes e o caminho crítico. A aprovação da planta para início das obras leva quatro semanas; assim, ele irá explicar para o proprietário que as mudanças pedidas de última hora devem requerer mais um mês para o arquiteto e nova aprovação pelos proprietários, mais um mês para entrada da papelada para aprovação de mudanças na prefeitura, totalizando dois meses de postergação do cronograma. O impacto total de dois meses adicionais, cuja atividade está no caminho crítico:
  - Caçamba = R$ 0,00, pois a obra ainda não iniciou
  - Pedreiro = R$ 0,00, pois a obra ainda não iniciou
  - Aluguel = R$ 1.700,00/mês – Total de dois meses = R$ 3.400,00
  - Total de economia gerada pela influência do PMO no proprietário = R$ 3.400,00, caso não impacte o caminho crítico da obra.

Economia adicional para o proprietário, caso já tenha iniciado as obras.

Caçamba = R$ 300,00/mês

Pedreiro = R$ 5.000,00/mês

Aluguel = R$ 1.700,00/mês

Total de economia gerada pela influência do PMO no proprietário = R$ 14.000,00 – Total de dois meses.

Quanto à modificação do contrato para construção em oito meses em vez de seis meses, a multa só valerá depois de oito meses, acrescentando dois meses a mais de lucro para o construtor, ou seja, R$ 4.000,00 relativos aos dois meses adicionais de construção.

Na simples construção de uma casa ou em projetos e/ou programas, o valor do PMO será reconhecido se ele conseguir expor em números o impacto financeiro de decisões que podem gerar atrasos, qual o tamanho do atraso e o tamanho da "conta" para o cliente e para o fornecedor.

Independentemente se o PMO trabalha para o cliente ou para o fornecedor, ele deve ter uma visão geral para poder exibir com clareza os impactos e influenciar positivamente a receita e o lucro. Caso o PMO consiga expor conforme o exemplo anterior, ele influenciou positivamente.

Este exemplo é simples, mas mostra de forma clara que normalmente o impacto é extremamente positivo ou negativo (em caso de omissão).

Tendo como premissa que o PMO conhece o histórico de outros projetos e quais ações foram tomadas para evitar atrasos, vamos a um segundo exemplo:

Exemplo: tarefa de construção da base de uma casa, que leva 4 semanas.

Considerando dados históricos, o PMO indica que, pedindo a entrega do material para o fornecedor com 4 semanas de antecedência, este garante evitar um mês de atraso, pois o fornecedor tem um *lead-time* de entrega de 4 semanas após o pedido. Sem o PMO adotar o histórico da tarefa, poderíamos ter um atraso de um mês ou mais na construção, dependendo da data de colocação do pedido.

Adotando impacto total de um mês de atraso:

> Caçamba = R$ 300,00/mês, pois a obra já deveria ter iniciado
>
> Pedreiro = R$ 5.000,00/mês, pois a obra já deveria ter iniciado
>
> Aluguel = R$ 1.700,00/mês
>
> Total de economia gerada pela influência do PMO no proprietário = R$ 7.000,00

Economia total comprovada pelo PMO para o proprietário nos dois exemplos:

> Economia no primeiro exemplo = R$ 3.400,00 (assumindo que a obra não tenha iniciado ainda)
>
> Economia no segundo exemplo = R$ 7.000,00
>
> Total de economia do PMO = R$ 10.400,00

"... o valor do PMO será reconhecido se ele conseguir expor em números o impacto financeiro de decisões que podem gerar atrasos, qual o tamanho do atraso e o tamanho da "conta" para o cliente e para o fornecedor"

Aqui, colocamos dois exemplos de economia que pode ser gerada pela influência do PMO. Parece simples, mas ao vermos os valores e itens que todos já passaram na construção de uma casa, este é um dos motivos que pessoas acabam transferindo o risco de uma obra para um construtor através de contratos, que acaba atuando como um PMO. Na empresa e em grandes projetos, ocorre o mesmo, e cabe ao PMO ser capaz de mostrar esses ganhos ou evitar perdas. Somente dessa forma conseguimos mostrar o valor agregado do PMO e como ele consegue influenciar financeiramente de forma positiva os projetos.

O valor agregado do PMO só existe se ele for capaz de atuar, como fez no exemplo da construção da casa nos seguintes itens:

1. Mapear as tarefas do caminho crítico.
2. Prover informações para correta tomada de decisão da gestão.
3. Estudar os históricos de cada tarefa do caminho crítico.
4. Com base no histórico, informar ações que devem ser tomadas para evitar atrasos.
5. Caso alguma decisão executiva impacte o progresso da atividade do caminho crítico, o PMO deve informar financeiramente em valores quanto que o fornecedor e o próprio cliente poderão perder.
6. Registrar o impacto positivo financeiro que o PMO foi capaz de conseguir devido aos cinco itens anteriores.

Note como é irônico esse tipo de frase, comumente utilizada por altos executivos: "não sei se o projeto está bom ou está ruim. Sem números, não tenho a visibilidade necessária para tomada de decisão". Por outro lado, quando os executivos avaliam um PMO, sempre temos algumas respostas do tipo: "este PMO é dedicado, é trabalhador, é preciso nos números", mas nunca temos uma resposta do tipo: "este PMO ajudou a evitar perdas no total de "x" reais devido ao controle, monitoramento e histórico das tarefas do caminho crítico".

Mostre seu valor em números, seja um diferencial e uma referência como PMO profissional, com alto valor agregado.

Capítulo 12
Cinco mantras da gestão

Não importa se seu projeto é de natureza sistêmica ou não; se ele é de grande, médio ou pequeno porte. Todo projeto precisa cumprir os cinco mantras da gestão. Uma vez cumpridos, você tem grandes chances de ser bem-sucedido ao final e, ao mesmo tempo, está minimizando possíveis impactos do já mencionado "caos" que permanece ali do início ao fim. São chamados de mantras porque você tem o dever de lembrar de cada um a cada dia do projeto, de modo a tomar ações sempre que necessário. E são somente cinco, com o intuito de focar na essência que a gestão exige para aqueles que estão inseridos em seu contexto, aplicando na prática esses importantes métodos de trabalho.

Os cinco mantras da gestão se resumem a:

1. PDCA
2. PAC
3. RECOPA
4. NDBQ
5. CQC

Vamos analisar cada um para que você os repita diariamente em seu projeto.

PDCA

Todo projeto deve ser encarado como um PDCA. PDCA é um método interativo de gestão de quatro passos utilizado para o controle e a melhoria contínua de processos e produtos, criado por Walter Shewhart e posteriormente disseminado por William Deming. Quando afirmamos que um projeto é um PDCA, é porque precisamos o tempo todo estar planejando (P – *Plan*), executando (D – *Do*), verificando se aquilo que está sendo executado está de acordo com o planejado (C – *Check*) e tomando ações corretivas (A – *Act*) quando identificamos quaisquer desvios de rota. Recordar de tempos em tempos que seu projeto é um PDCA faz você ficar alerta. Faz você questionar a si próprio, se está planejando continuamente e colocando em prática seu plano, tendo meios de medir se o realizado está de acordo com o planejado – e quando não estiver, simplesmente agir, e agir rápido.

PAC

Embora o PDCA seja o principal mantra, você no dia a dia, como PMO, deve repetir o segundo mantra, o denominado PAC. Diariamente, nós precisamos planejar (P) e acompanhar (A), ou seja, realizar *follow-ups* (acompanhamentos) e controlar (C). O PMO que não planeja suas atividades diárias não acompanha o andamento do projeto através das atividades do cronograma, pendências (*action items*) que surgem, bem como *issues* e riscos. Como não está fazendo seu papel, o efeito será um desastre para o resultado final do projeto, um verdadeiro caos instalado.

RECOPA

O terceiro mantra diz respeito àquilo que é essencial, ou seja, todo PMO deve conhecer e atuar: RECOPA. O PMO precisa saber quais são os principais riscos do projeto (R) e tem o dever de conhecer o escopo que será entregue (E). De nada adianta se o PMO não atuar na linha de frente das cobranças (CO), uma vez que o que mais acontece em projeto são pendências, que "brotam" como "ervas daninhas". O PMO tem a obrigação de controlar as pendências (P) e, por último, saber quais são as entregas/artefatos (A) que deverão ser realizadas ao longo do projeto. Sem o RECOPA, o PMO se torna extremamente vulnerável, colocando em xeque sua real atuação no projeto.

NDBQ

Diante de tantas pendências e problemas que surgem ao longo do projeto, é de extrema importância que o GP e o PMO cuidem para não deixar a “bola quicar”. Mas, afinal, qual o real significado dessa expressão no mundo dos projetos? É completar o quarto mantra da gestão.

Deixar a bola quicar é permitir que uma entrega relevante deixe de ser realizada no momento relevante ou deixar de solucionar uma pendência no momento adequado.

Adotar a postura “não deixe a bola quicar” equilibra o nível de sua produtividade, bem como de toda a equipe do projeto, ao passo que você está com foco total naquilo que realmente importa.

Apresentamos três passos para não deixar a “bola quicar” em seu projeto:

- O primeiro passo é identificar se o que está à sua frente se enquadra na condição “não deixe a bola quicar”. Nem tudo faz parte dessa condição, somente aquilo que é prioritário e urgente. Cabe ao PMO e ao GP identificarem, e rápido, quais atividades, pendências e entregas se encaixam nessa condição. Quando tratamos de entregas, é mais simples a identificação, uma vez que existe um cronograma que sinaliza o tempo correto. Porém, considerando o campo das pendências, essa identificação nem sempre costuma acontecer rapidamente. Uma dica é confirmar se a pendência impacta o caminho crítico. Se a resposta for sim, você está diante de algo no qual você deve colocar toda sua energia para não deixar a “bola quicar”.
- O segundo passo, uma vez identificado que aquilo se enquadra como “não deixar a bola quicar”, é agir. E “agir” aqui significa criar um plano de trabalho realista para atender especificamente ao item “não deixar a bola quicar”. Entenda o plano de trabalho como o mapeamento de todas as tarefas que são necessárias, acrescidas de quem irá executá-las e principalmente a data de resolução para cada tarefa.
- O terceiro e último passo é monitorar a execução desse plano até sua completa conclusão.

Itens tratados como “não deixe a bola quicar” devem ter altíssima prioridade para o GP e o PMO, pois da sua imagem depende a execução bem-sucedida para não deixar a “bola quicar”.

E quando a “bola quica”? O que fazer? Nessa situação você terá um “issue” (problema real) bem diante de você e, dependendo do grau deste item, você terá sérias dores de cabeça, pois tudo e todos irão pressioná-lo para resolver essa "issue" para ontem.

"O PMO tem a obrigação de controlar as pendências (P) e, por último, saber quais são as entregas/artefatos (A) que deverão ser realizadas ao longo do projeto"

Não subestime o impacto que um item classificado como "não deixe a bola quicar" possa realizar em seu projeto. O que pode parecer um problema do tamanho de um "nó" pode virar um "tsunami" e colocar todo o seu projeto a ponto de ir por água abaixo, incluindo sua própria imagem e reputação.

Busque, identifique, aja e seja implacável para não deixar a "bola quicar", e você com certeza estará mais próximo do sucesso.

CQC

O quinto e último mantra é um indicador de como estamos diante do nosso cliente. Cada um de nós temos um CQC, não somente no trabalho, mas também na vida pessoal. E saber se seu CQC está verde, amarelo, vermelho ou preto é crucial para sua sobrevivência, fazendo referência a sua saúde corporal. O CQC é uma consequência direta da aplicação ou não dos outros quatro mantras. Se falharmos em um dos mantras anteriores, pode ter certeza de que seu CQC irá acusar.

O primeiro C diz respeito à confiança. A confiança é o sentimento de segurança ou a firme convicção que alguém tem sobre outra pessoa. Quando abalada, afeta todo o relacionamento.

O Q diz respeito à qualidade. Precisamos sempre estar atentos à qualidade que entregamos no nosso trabalho, pois ele é observado e medido. Quando fazemos algo com pouca qualidade, a outra parte percebe e faz um julgamento a nosso respeito. Baixa qualidade traz um peso enorme para o seu CQC – e qualidade nos pequenos detalhes, como, por exemplo, na escrita de um e-mail de *escalation* (escalar a outro nível hierárquico uma pendência) ou na cobrança para a equipe de projeto. Preocupar-se com a formatação e a ortografia, mantendo a clareza da mensagem que se quer comunicar, conta e muito a seu favor.

O segundo C se refere à credibilidade. Característica de quem consegue ou conquista a confiança de alguém – que possui crédito. Perceba que, para existir credibilidade, é preciso que haja confiança, que anda intimamente ligada com a qualidade que você gera.

"Itens tratados como "não deixe a bola quicar" devem ter altíssima prioridade para o GP e o PMO, pois da sua imagem depende a execução bem-sucedida para não deixar a "bola quicar""

A soma dos três indica seu nível de CQC. Quando começamos em um projeto, nosso CQC está zerado, ou seja, assume-se que é verde, pois há expectativas do cliente sobre nosso trabalho e se nos contratou é porque temos mérito para a iniciativa em questão. À medida que o projeto avança, nosso CQC pode permanecer verde ou cair na zona do amarelo, vermelho ou até preto. Isso vai depender do quanto estamos aplicando os quatro mantras anteriores.

Aplicar os cinco mantras da gestão produz o efeito desejado que o cliente espera de você ao contratá-lo para atuar na gestão e aumenta muito suas chances de ser bem-sucedido em quaisquer projetos. Ignorar um ou mais desses mantras reduz drasticamente suas chances de permanecer até o final do projeto.

Capítulo 13
Tratativa PMO contra perdas

Assim como uma doença grave do ser humano, com impactos degenerativos ou devastadores para as pessoas, o projeto pode ser afetado com redução das capacidades de organização e gestão de suas atividades básicas, comportamento social, perda de histórico recente, dificuldade em orientação do progresso e de reportar o status atual real do projeto, dificuldade de aprendizado de novas soluções e dependência cada vez maior de seus gestores, gerentes e diretores para reuniões e atividades básicas recorrentes.

Diferentemente de alguns males e doenças complexas, cujas causas, infelizmente, nem sequer conseguimos identificar, podemos notar facilmente o impacto que a perda de informações pode causar nos projetos. Atrasos em projetos de longo prazo sempre geram frustações nos colaboradores. Quanto mais o tempo passa, maior a rotatividade de colaboradores. Cada colaborador leva consigo parte do histórico do projeto. A falta de preocupação com o bem-estar dos colaboradores também ajuda no aumento da rotatividade.

Nesse contexto, é comum perder para o mercado analistas, coordenadores, gerentes, diretores e executivos de diferentes áreas de atuação da empresa. Isso exige a contratação rápida de novos colaboradores que, muitas vezes, não estão alinhados com a cultura organizacional e com a forma de gestão, criando conflitos entre os colaboradores antigos e os novos, de diferentes níveis e áreas de atuação.

Como consequência, o projeto “doente” deve receber um maior apoio dos altos executivos e ser monitorado de perto pelo PMO para evitar riscos à sua própria sobrevivência, pois não há mais capacidade de discernimento alinhada fim a fim entre os novos e antigos colaboradores. O projeto acaba sendo "internado", por alguém de confiança do executivo responsável pela organização tendo plenos poderes para cuidar do "paciente".

Peter F. Drucker, em seu livro "La gerencia en la sociedad futura", comenta sobre a nova classe trabalhadora. Há um século, uma proporção enorme da sociedade trabalhava com as mãos. Porém, com o avanço da tecnologia e o surgimento da sociedade do conhecimento, estamos pagando um preço muito alto pelo êxito: o estresse psicológico e, por consequência, os traumas emocionais causados pelo ritmo acelerado de trabalho e cobranças por resultados cada vez mais rápidos estão impactando diretamente a sociedade atual, trazendo isso para o mundo dos programas/projetos. Vemos os efeitos colaterais negativos, que até algumas décadas atrás praticamente não existiam. Programas e projetos com datas cada vez mais agressivas e com crises constantes têm como efeito colateral a perda de colaboradores-chave. O PMO ou o GP devem trabalhar para evitar que os efeitos negativos se instalem no programa/projeto, novamente atuando como líderes, mentores e motivadores dos colaboradores. Trate os colaboradores como pessoas, não como números.

Já falamos do componente colaborador causador do problema, só que ainda estamos longe de uma solução simples e de baixo custo. Geralmente, esses atrasos causados por problemas de perda de informações ou colaboradores têm impactos altos no orçamento do projeto e para os principais gestores, pois são apontados como responsáveis por deixar o problema evoluir. Outro grupo responsabilizado é o próprio grupo de PMO. Neste caso, temos que destacar a responsabilidade deste para evitar a propagação do problema no projeto. A melhor forma de evitar esse impacto indesejável é monitorar a execução, reportar de forma clara os possíveis atrasos e soluções, manter a gestão de riscos e problemas controlados e no radar dos executivos, tudo focando em manter a data de entrega do projeto dentro do custo e da qualidade esperada. Caso um PMO entre em um projeto que já está contaminado, ele estará em uma situação muito mais complexa, pois deverá ter capacidade de lidar com:

- Conflitos entre colaboradores da cultura original da organização e da nova cultura oriunda da linha de colaboradores que incluem novos gerentes e diretores.

- O PMO deve estar alinhado com os altos executivos da organização para definir de forma clara como deverá ser a nova cultura da empresa e garantir que ela seja comunicada para toda a organização, seus analistas, seus coordenadores, seus gerentes e diretores. Também é importante manter o monitoramento informando casos de colaboradores que não estão alinhados, pois sem uma definição de comportamento cultural que deve ser seguido cada colaborador irá seguir da forma com a qual está acostumado, utilizando experiências anteriores como base.

Exemplo:

Imagine uma empresa que tinha uma cultura de definir regras e responsabilidades de forma que a maior parte da execução das tarefas e gestão fosse de responsabilidade dos fornecedores de produtos e serviços. Porém, após uma alta rotatividade dos membros de sua equipe, surgiu uma alta quantidade de novos colaboradores vindos de culturas organizacionais com uma diferente visão, tentando colocar o controle e a gestão das tarefas nas mãos de gestores atuais da própria organização.

"... o projeto "doente" deve receber um maior apoio dos altos executivos e ser monitorado de perto pelo PMO para evitar riscos para sua própria sobrevivência, pois não tem mais capacidade de discernimento alinhada fim a fim entre os novos e antigos colaboradores"

O PMO não deve decidir qual é a forma correta, mas, sim, conseguir do executivo da organização uma definição sobre qual cultura deve ser mantida, a original ou a nova.

Manter as duas traz efeitos degenerativos para toda a estrutura da organização e dos fornecedores, pois aplica a regra de "dois pesos duas medidas". Para um fornecedor que está sendo gerenciado por um colaborador antigo, qualquer atraso ou problema na execução deverá ser apontado pelo PMO como responsabilidade do fornecedor. Porém, para um fornecedor que está sendo gerenciado por um colaborador novo, qualquer atraso ou problema na execução deverá ser apontado pelo PMO como uma responsabilidade do gestor da organização, ou seja, não existe regra clara de quem é responsável por garantir datas e execuções.

O PMO deve ajudar a cobrar uma definição de regras e responsabilidades única. Colocar os dois como responsáveis pela mesma tarefa, tanto o gestor da organização como o fornecedor, é o mesmo que fazer o que o ditado popular diz para evitar: "cachorro que tem dois donos morre de fome", pois um sempre acha que o outro está alimentando o cachorro e, no final, ele morre de fome. Mantenha sempre um único dono, um responsável, uma cultura organizacional aplicada em sua estrutura de projeto.

- Perda de históricos do escopo do projeto.
  - Com a saída de pessoas-chave do projeto, com alto conhecimento, perdemos também histórico de escopo, definições acordadas e alinhadas entre organização e fornecedores.
  - Com a vinda de novos colaboradores, temos a tendência de querer reabrir escopos fechados e assinados, definir novas soluções, modificar acordos alinhados de processos e gestão já anteriormente fechados ou em andamento, envolvendo relações entre organização e fornecedores e, dentro da própria organização, impactando em altos custos adicionais de redefinição de itens já acordados.

"Programas e projetos com datas cada vez mais agressivas e com crises constantes têm como efeito colateral a perda de colaboradores-chave"

O PMO deve atuar de forma rápida, primeiro buscando mapear todo o processo de documentação e aprovação de escopo e depois formalizando qualquer tentativa de mudança, definindo o processo de aprovação de mudanças (*Change Request*). Caso existam falhas nos processos originais de documentação e aprovação de escopo, o PMO deve também corrigir essa deficiência e formalizar um processo para encerramento de disputas, normalmente encontrado quando temos problemas no histórico de aprovação de documentos e do escopo.

Exemplo:

Um colaborador novo resolve colocar em dúvida uma solução já acordada entre organização e fornecedor, justificando que, apesar de funcionar, existe uma solução melhor. O fornecedor explica que o produto já está em fase final de desenvolvimento. Qualquer modificação na solução impacta em custos adicionais e atraso na entrega. O colaborador novo ainda propõe o não pagamento pela mudança, pois o fornecedor deveria, por experiência, ter proposto uma solução melhor.

Este item é um caso claro de disputa. O primeiro passo é verificar se existe processo e documentação com aprovação do Comitê de Gestão de Mudanças.

- Caso exista e confirme a aprovação oficial, o PMO deve ser firme e explicar para o colaborador que o item foi aprovado seguindo todos os processos oficiais da organização. Caso o colaborador escale o problema, o item deve seguir para o comitê de disputas.
- Caso não exista processo bem definido ou documentação clara da solução, esse item deve ser tratado pelo comitê de disputa, com monitoramento e documentação controlada pelo PMO, a fim de garantir que o problema seja encerrado e não ocorra novamente.

Esse processo do comitê de disputa também deve ser bem definido e comunicado para todos os colaboradores do projeto.

Mesmo PMOs experientes normalmente imaginam que problemas de perdas de colaboradores e de históricos de informações são situações normais de um projeto longo e complexo, pois os projetos possuem muitas modificações, muitos fornecedores perdendo datas, inúmeras tarefas em paralelo perdendo o prazo devido à falta de recursos ou gestão incorreta, o que acaba fazendo com que se demore para notar que a alta rotatividade pode ser o principal causador de todas essas dificuldades no projeto.

Os próprios gestores de projetos com alto número de atrasos tendem a buscar justificativas, como mudança de escopo ou atraso em outra tarefa do caminho crítico que não esteja sob sua responsabilidade, pelo fato de não enxergarem o problema da rotatividade, em sua própria equipe, como uma grande "vilã" do projeto.

Cabe ao PMO monitorar a rotatividade e os impactos, riscos e problemas no projeto/programa. Geralmente, esse diagnóstico não é cobrado do

PMO, mas a falha deste em perceber, diagnosticar e ajudar a evitar esse problema pode custar a própria manutenção do grupo de PMOs.

A maior parte dos PMOs já passou por projetos que tiveram esses problemas e viu os impactos destrutivos que isso traz a todos os envolvidos. Por esse motivo, mantenha sempre no radar do PMO qualquer sintoma que possa indicar um início de perda de informações e de colaboradores, pois isso pode ocorrer em pequenas, médias ou grandes corporações e pode estar acontecendo nesse momento em seu projeto sem você se dar conta.

Existem formas de evitar a manifestação desses problemas através de ações realizadas pelo PMO:

- Monitoramento das tarefas do caminho crítico.
- Monitoramento de tarefas que têm pouca margem para entrar no caminho crítico.
- *Status reports* precisos e na forma adequada.
- Boa gestão de risco e problemas.
- Garantir que a gestão de riscos e problemas críticos está sendo executada e reportada para decisões de altos executivos.
- Manter um controle rigoroso do Plano de Gerenciamento da Qualidade, com controle de versionamentos de documentos.
- Manter divulgação clara dos procedimentos de *Change Request* e Comitê de Disputa.
- Manter uma ativa equipe de *Change Management* com ações de motivação da equipe do projeto, sempre com o patrocínio da alta gestão da empresa.

O PMO é o "olho" do *sponsor* dentro do projeto. Mantenha o *sponsor* informado para que ele possa tomar decisões adequadas. Mantendo as principais tarefas em dia, o PMO estará mantendo o projeto saudável.

"... gestores de projetos com alto número de atrasos tendem a buscar justificativas, como mudança de escopo ou atraso em outra tarefa do caminho crítico que não esteja sob sua responsabilidade, pelo fato de não enxergar o problema da rotatividade, em sua própria equipe, como uma grande "vilã" do projeto"

Capítulo 14

E = MC

Embora o título do capítulo faça menção à famosa fórmula da Relatividade de Albert Einstein, aqui o contexto é outro: foco no cliente.

Você já percebeu quantas vezes deixamos nosso cliente insatisfeito e mal atendido? Sem falar quando ele nem sequer nos comunica sua insatisfação com palavras, apenas com a linguagem corporal.

Vivemos nos dias atuais a "era do cliente", onde ele tem maior poder de compra e informação. Com isso, tem-se falado muito em Sucesso do Cliente ou *Customer Success*, que nada mais é o cliente atingindo seus resultados e expectativas, de acordo com Lincoln Murphy, especialista no tema, tamanha é a importância de atender ao cliente colocando-o em primeiro lugar. E assim deve ser também nossa atitude diante dos projetos. Nesse contexto, existe uma fórmula simples de ser aplicada na satisfação de nossos clientes em projetos. Ela é tão simples quanto a fórmula de Einstein. Tudo se resume em E = MC, em que E representa as Expectativas, M equivale ao Monitoramento e C remete às Competências. Os três aplicados juntos e na medida correta garantem o domínio da condução bem-sucedida de qualquer projeto.

Expectativas

Esta área é muitas vezes negligenciada ou deixada em segundo plano nos milhares de projetos ao redor do mundo. Quando o projeto se inicia, é de praxe estabelecermos as expectativas daquele que nos contratou, o cliente. Anotamos tais expectativas e guardamos no fundo das nossas caixas postais de e-mail, sem voltar a revê-las. E é aqui uma das principais causas-raízes de projetos mal executados. Essa área é tão importante que o PMI criou a área de conhecimento "Partes Interessadas" (*stakeholders*), tamanho o grau de impacto que sua gestão, se negligenciada, pode causar em um projeto.

As razões por tais esquecimentos podem ser falta de tempo, pressão por apresentar resultados ou até mesmo "não acho que isso importa tanto quanto entregar o projeto". Todavia, engana-se quem pensa assim. Gerenciar as expectativas é a regra número 1 que deveria estar na cabeceira dos gerentes de projetos e PMOs. Não dá para ignorar sua existência.

O *PMBOK® Guide* considera a execução de quatro processos para tratar as expectativas:

- Identificar as partes interessadas
- Planejar o engajamento das partes interessadas
- Gerenciar o engajamento das partes interessadas
- Controlar o engajamento das partes interessadas

No início e durante todo o projeto, deve-se identificar os *stakeholders* o quanto antes, mapear suas expectativas, seus níveis de interesse, nível de influência, planejar a comunicação com os *stakeholders*, executar e, por fim, gerenciar seus engajamentos.

Identificar os *stakeholders* é o primeiro passo: se não os identificarmos, eles surgirão no projeto quando você menos esperar. E não duvide, isso irá acontecer.

Quando falamos em planejar o gerenciamento dos *stakeholders*, cinco tipos precisam ser classificados. São eles:

- **Desinformado:** aquele que não sabe o que acontece no projeto e, ao mesmo tempo, imagina que o impacto do projeto em seu dia a dia será zero ou quase nulo.
- **Resistente:** aquele que não aceita o projeto provavelmente porque estará "mexendo no seu queijo", ou seja, nos seus interesses e em sua zona de conforto.
- **Apoiador:** aquele que apoia totalmente o projeto e acredita nele e nos benefícios de sua entrega.
- **Líder:** aquele engajado no sucesso do projeto e que fará de tudo para entregá-lo; nesse você deve colocar todas as suas energias.

- **Neutro:** aquele que fica "em cima do muro". Não apoia, mas também não resiste. Esse é o tipo que precisamos monitorar, pois, dependendo do andamento do projeto, ele pode se transformar no resistente ou no que dá apoio ao projeto.

De posse dessa classificação, o próximo passo é criar a matriz de avaliação do nível de engajamento – e detalhe: mantê-la sempre atualizada. Isso é gestão e controle, pois as expectativas são dinâmicas, ou seja, podem mudar ao longo do projeto para um mesmo *stakeholder*.

Uma dica é realizar reuniões presenciais tanto para comunicação de assuntos do projeto quanto para resolução de problemas com os *stakeholders*. Evite e-mails ou qualquer outra ferramenta de comunicação. O "olho no olho" (atuação presencial) é o método mais eficiente e eficaz na correta gestão das expectativas dos *stakeholders*.

Agora você deve estar se perguntando: executar os quatro processos da gestão de *stakeholders* é suficiente para garantir a satisfação do cliente e consequente sucesso do projeto? A resposta é não. Outros dois ingredientes são indispensáveis. Vamos a eles!

"existe uma fórmula simples de ser aplicada na satisfação de nossos clientes em projetos. Ela é tão simples quanto a fórmula de Einstein. Tudo se resume em E = MC"

Competências

Quando falamos em competências na gestão de projetos, precisamos primeiramente identificar quais competências são essas. O PMI possui um guia que trata do desenvolvimento de competências para quem lida com gestão de projetos, o PMCDF (*Project Management Competence Development Framework*). O objetivo aqui não é tratar desse guia no detalhe, mas saber que existe e utilizá-lo dentro dos nossos projetos.

Importante ressaltar ainda que, segundo o PMCDF, as competências podem ser divididas em três grupos: competências de conhecimento, competências de desempenho e competências pessoais. As competências de desempenho estão relacionadas aos grupos de processos Iniciação, Planejamento, Execução, Monitoramento/Controle e Encerramento. Já as competências pessoais são: profissionalismo, comunicação, liderança, habilidade cognitiva, eficácia e gestão. E a competência de conhecimento tem a ver com o conhecimento adquirido entre as duas competências anteriores.

Para a competência em conhecimento é levado em conta que a pessoa que lida com gestão de projetos deve saber sobre a aplicação dos processos, ferramentas e técnicas nas atividades de projeto. Para a competência em desempenho, se considera que esta aplique o conhecimento em gerenciamento de projetos, demonstrado por ações e resultados obtidos. E para a competência pessoal o foco está no comportamento demonstrado por essa pessoa.

É fato que a soma de todas as competências irá proporcionar a entrega do projeto do ponto de vista de negócio, funcional e técnico. Se isso é incontestável, por que muitas vezes falhamos na entrega de um projeto?

A resposta é: deixamos de fazer o correto mapeamento de todas as competências que o projeto precisa *versus* as que temos em mãos, para então identificarmos o *gap* e agir proativamente para atendê-lo. O motivo de tal negligência, muitas vezes, reside no fato de que não temos orçamento para aportar competências adicionais que não haviam sido inicialmente planejadas ou, por teimosia, acreditamos que as competências "presentes na mesa" são suficientes e nos viramos para atender ao cliente. Sinto decepcioná-lo, mas se pensa e age assim, seu projeto tem grande probabilidade de fracassar.

A diferença entre as competências que são necessárias e as que você tem é seu *gap* (lacuna: item pendente). Sua próxima ação é elaborar abordagem/estratégia de como supri-las olhando para todo o ambiente ao seu redor e trabalhar para adicioná-las. Feito isso, você tem maiores chances de entregar um projeto com alta qualidade, dentro do prazo e do custo combinado.

"Gerenciar as expectativas é a regra número 1 que deveria estar na cabeceira dos gerentes de projetos e PMOs"

Monitoramento

No entanto, para tudo isso funcionar no seu devido compasso, falta o **monitoramento**. É ele que garantirá que todas as peças estejam integradas e trabalhando ativamente para entregar o projeto com sucesso.

Monitorar significa acompanhar as expectativas do *stakeholder* e, ao mesmo tempo, verificar se não é necessário somar ou diminuir competências.

Um sinal de que não estamos monitorando corretamente é perceber que as reuniões de alinhamento com o cliente estão acontecendo em espaços de tempo cada vez maiores. Alerta vermelho!! Se isso está ocorrendo em seu projeto, trate de rever isso ASAP (*As Soon As Possible*), pois você pode acabar sendo comunicado mais cedo ou mais tarde que seu trabalho não é mais necessário. Por que deixar chegar a esse ponto? Aplique E = MC e mantenha seu cliente satisfeito!

Capítulo 15
Como vai seu desempenho profissional?

A saúde em projeto pode ser medida através do desempenho da equipe de gestão (gerentes de projeto e PMOs). É o termômetro para saber se estamos no caminho certo ou se precisamos corrigir a rota.

Não falo aqui de KPIs (*Key Performance Indicators*) de projeto, mas de desempenho nas atitudes e nos comportamentos. Embora pareça estranho, gerenciar desempenho a partir de comportamento em vez de fórmulas matemáticas pode representar um forte indicador sobre se estamos executando o trabalho conforme deveríamos.

As pessoas não têm a cultura de medir atitudes e comportamentos de forma frequente. Aplicam, sim, avaliações mais amplas onde abordam aspectos da carreira para ascensão/promoção e habilidades *hard* (técnicas) e *soft skills*; porém, numa frequência semestral ou até anual e até mesmo só no final do projeto. Muitas vezes essas avaliações são frias, feitas através do computador (por exemplo, utilizando ferramentas), com pouca ou nenhuma interação humana.

Nos últimos anos, com a intensificação da adoção de abordagens ágeis, novos métodos têm surgido para conseguir mensurar mais de perto o colaborador, como o método OKR (*Objective and Key Results*), criado por Andrew Grove, que consiste em um *framework* para gestão ágil de desempenho das pessoas em uma organização, com foco em resultados.

Neste livro, sugerimos a prática de dois exercícios simples e rápidos de serem aplicados a cada membro de sua equipe de gestão de projetos e que, com certeza, trarão inúmeros benefícios imediatos para a saúde do seu projeto.

Ao medir desempenho, podemos considerar dois níveis:

- **Primeiro nível:** analisa previamente a atuação técnica do PMO de forma macro. É uma primeira medida muito importante.

Nesse nível, sugerimos criar uma tabela colocando-se em uma coluna os itens técnicos (exemplos/sugestões a seguir, não exaustivas) a serem avaliados e que são esperados pelo PMO, e, em outra coluna, o PMO a ser avaliado. Para cada item é dado um semáforo: verde (sob controle), amarelo (precisa melhorar), vermelho (precisa agir urgentemente ou terá problemas em breve):

Data de avaliação: dd/mm/aaaa

Atividade	**PMO 1**	**PMO 2**	**PMO n**
Plano de Gerenciamento do Projeto ou Programa	●	●	●
Project Charter	●	●	●
Governança (atualização de grade, *status report* operacional semanal, *status report* executivo semanal e *Steering Committee* mensal)	●	●	●
Setup da ferramenta de gestão de projetos e definição do escopo de utilização	●	●	●
Treinamento na ferramenta de gestão de projetos à equipe do projeto	●	●	●
Cronograma detalhado por frente	●	●	●
Processo de análise de superalocação de recursos	●	●	●
Plano de gerenciamento de riscos	●	●	●
Controle de *issues* e riscos	●	●	●
Controle de *action items*	●	●	●
Matriz de *escalation*	●	●	●
Processo de *Change Request* (CR)	●	●	●
Controle de CRs	●	●	●
Organograma do projeto/programa	●	●	●
Matriz RACI	●	●	●
Kick-off por fase do projeto	●	●	●

Controle de entregáveis por fase (*deliverables log*)			
Rotina do PMO			
Template de *Status Report*			
Gestão à vista (*Kanban*)			
Report de *flashcards* das frentes com gráficos/curva S			
Controle de lições aprendidas por fase do projeto			
Controle de *templates*			
Lista de contatos do projeto			
Mapeamento de *stakeholders* (feito em conjunto com *Change Management*)			
Prover relatórios de status de projetos ou programas para a alta administração			
Prover quadro estratégico de projetos			
Gerenciar mudanças e transformações organizacionais			
Monitorar o desempenho do portfólio			
Prover aconselhamento à alta administração na tomada de decisão executiva			
Realizar *benchmarking*			
Promover o gerenciamento de projetos na organização			
Apoiar a definição do portfólio de projetos			
Gerenciar benefícios de programas ou projetos			
Monitorar e controlar programas ou projetos			
Gerenciar projetos ou programas			
Gerenciar os *stakeholders* dos projetos			
Gerenciar interface com os clientes dos projetos			
Apoiar o planejamento de projetos			
Conduzir auditoria de projetos			
Prover *mentoring* para os gerentes de projetos			
Gerenciar reuniões de lições aprendidas			
Gerenciar a documentação dos projetos			
Gerenciar pessoas em projetos			
Prover treinamento e desenvolvimento de competências para projetos			
Gerenciar alocação de recursos entre projetos			
Gerenciar banco de dados de lições aprendidas			
Prover metodologia de gerenciamento de projetos			

Com a medida, é possível traçar planos de ações para mover do status atual para o necessário. Convenhamos, o verdadeiro PMO precisa estar com sinalizações verde em todas as suas atuações.

- **Segundo nível:** entra no detalhe das principais ações que qualquer PMO precisa considerar.

Nesse nível, é preciso criar uma tabela colocando-se em uma coluna as atividades padrão (exemplos/sugestões a seguir, não exaustivas) que são esperadas pelo PMO e em outra coluna avaliá-lo por semana. Para cada item, é dada uma classificação: aplico bem (verde), aplico parcialmente (amarelo), não aplico (vermelho). Por essa tabela ser bem completa, nós a identificamos pelo nome de PPI (*PMO Performance Index*), pois mede o desempenho de cada integrante do seu escritório de projetos.

De posse da medição, é preciso definir um plano de ações para que o PMO venha aplicar todas as atividades em um período de tempo que não comprometa o projeto. A seguir, compartilhamos um conjunto das principais ações que todo PMO deveria manter em seu radar e praticar continuamente durante o projeto/programa.

PMO Performance Index – PPI

Aplico bem

Aplico parcialmente

Não aplico

Atividade	**PMO 1**	**PMO 2**	**PMO n**
Alinhar com responsável a imposição da data	Aplico parcialmente		
Analisar o semáforo do projeto considerando *top* riscos e *issues*	Aplico bem		
Aplicar *escalation*	Aplico parcialmente		
Apoiar na comunicação entre as frentes de trabalho			
Apoiar na gestão da documentação do projeto			
Apoiar o integrador apontando riscos, *issues*, atrasos			
Atualizar lista de contatos			
Buscar a qualidade da informação			
Cobrar e controlar			
Cobrar posicionamento do integrador			

Comunicar à equipe do projeto o critério de sinalização de seu semáforo			
Configurar ferramentas para apoio			
Confirmar entendimento das informações que recebe			
Conhecer as ferramentas de automação PMO			
Conhecer CRs			
Conhecer o processo de negociação da empresa			
Controlar discussões de acordo com objetivo da reunião			
Controlar pendências			
Controlar a geração do *Status Report*			
Criar curva S			
Criar macro cronograma			
Criar matriz de papéis e responsabilidades			
Criar matriz de probabilidade e impacto dos riscos			
Criar WBS			
Criar/atualizar *dashboards*			
Criar/atualizar gestão à vista			
Criticar as informações que recebe			
Definir o que e como comunicar			
Definir seleção de critérios para o seu semáforo			
Descobrir como pedir informações/conselhos			
Entender e cumprir "Statement of Work" do projeto (SOW)			
Entender o cronograma detalhado			
Entender o que significa semáforo vermelho			
Entender o *time to market* do projeto			
Entender procedimento de "escalation" e aplicá-lo quando necessário			
Entender qual é o escopo do projeto e do produto a ser entregue			
Estabelecer controles personalizados para os executivos (*sponsor*, alta gestão, gerentes e comitê diretivo)			
Garantir o uso de boas práticas, padrões e procedimentos de qualidade			
Gerenciar conflitos com as partes interessadas			

Gerenciar riscos			
Identificar conflitos de interesse			
Identificar junto aos GPs ações de mitigação			
Identificar lista de *milestones*			
Identificar nível de influência das partes interessadas			
Identificar o caminho crítico			
Identificar o integrador, quando existir			
Identificar os sinais de perda de *baseline*			
Identificar pendências críticas			
Identificar principais atrasos			
Identificar *top issues*			
Identificar *top* riscos			
Impor a data quando não receber dos *stakeholders*			
Incluir dependências críticas			
Informar com convicção o semáforo do projeto (verde, amarelo ou vermelho)			
Interpretar status das atividades, do relatório			
Ler o mapa do projeto (macro cronograma)			
Mapear as pessoas-chave para a sua atuação			
Mapear inter-relacionamentos de atividades entre cronogramas de um programa			
Mapear riscos			
Mapear todas as partes interessadas			
Ouvir mais, falar menos e baseado em fatos			
Planejar as etapas de negociação com cada fornecedor			
Possuir *templates*			
Preparar *status report*			
Priorizar atividades			
Realizar e validar ata de reunião			
Realizar *follow-up*			
Remover TBDs			
Reportar informação simples			
Reportar status em alto nível			
Saber como se orientar no desconhecido			

Separar aprovações técnicas de comerciais			
Ser imparcial			
Sinalizar o quanto o projeto está perto ou distante de seu objetivo final			
Solicitar data da data			
Suportar o GP			
Ter noções claras de orçamento			
Ter visão holística da solução que será entregue			
Tornar gráficos complexos mais simples			
Trabalhar com premissas e restrições para o escopo			
Ter visibilidade dos produtos a serem entregues			

"As pessoas não têm a cultura de medir atitudes e comportamentos de forma frequente. Aplicam, sim, avaliações mais amplas onde abordam aspectos da carreira para ascensão/promoção e habilidades *hard* (técnicas) e *soft skills...*"

Capitulo 16
Gerenciando a equipe

Gerenciar a equipe parece ser um "bicho de sete cabeças" e representa uma grande dificuldade para muitos gestores. Outros já acreditam que sabem fazer, mas, na verdade, muitos não o fazem. E sabe por quê?

Primeiro, é preciso humildade para aceitar que você não sabe tudo e que, muitas vezes, a opinião do seu liderado é mais inteligente e mais propícia para o cenário à sua frente. Segundo, gerenciar uma equipe toma tempo, e tempo em projeto é recurso extremamente escasso. No entanto, sem gestão de equipe dificilmente você conseguirá entregar seu projeto, visto que ele se traduz em "mão na massa" de toda a equipe.

Para gerenciar uma equipe, você precisa considerar os seguintes aspectos:

Esteja disponível

Seu liderado precisa saber que tem espaço para conversar com você sempre que identificar qualquer necessidade. Se você não disser isso a ele, não tem como ele saber. E isso faz muita diferença, pois no dia a dia do projeto você estará imerso, sem tempo para ir à "superfície respirar".

É crucial que seu liderado saiba que, mesmo você estando ocupado, você está aberto para dialogar com ele sobre o tema que desejar. É só combinar o melhor horário para a conversa, que pode ser no café, no almoço ou até mesmo reservar 15 minutos durante o dia para aquela esperada conversa com seu liderado.

Não duvide: comunicar ao seu liderado que você está disponível é o primeiro passo na gestão de equipes.

Defina as regras e expectativas

Se as regras não são claras, não tem como você cobrá-las, certo?

É preciso informar ao seu liderado as suas expectativas quanto ao trabalho que deve ser feito. Aqui, falo do nível de qualidade que você espera receber de cada entregável, bem como quais as regras (*ground rules*) que devem ser seguidas e procurar explicar por que elas são importantes para uma entrega bem-sucedida do projeto. Uma vez estabelecidas, ninguém terá dúvidas de como "jogar o jogo".

O que podemos ver no dia a dia de gestão das equipes é que os líderes deixam de comunicar suas regras/expectativas ou acham que seus liderados são obrigados a saber sem você nunca ter antes comunicado. Parece loucura, mas acontece. Siga corretamente o segundo passo na gestão de equipes: defina as regras e deixe clara sua expectativa.

"Não duvide: comunicar ao seu liderado que você está disponível é o primeiro passo na gestão de equipes"

Saia e observe

Falamos anteriormente que muitas vezes você está imerso no projeto e não tem tempo para ir à "superfície". Porém, como líder de equipe, você terá, sim, que encontrar algum momento durante o seu dia ou semana para sair de onde está e observar o seu liderado. Lembre-se de que seu liderado é humano, tem vida não só profissional, mas também pessoal. Certamente tem problemas como qualquer outro ser humano. E como somos seres integrados (corpo, mente, alma), não dá para deixar a parte pessoal em casa e levar somente a profissional ao trabalho. Tudo anda junto, e é aí que mora o perigo como líder de equipe. Se você não adotar a prática de "sair" e observar ao seu redor quem você lidera, você corre sérios riscos de ter uma equipe desmotivada, com baixa performance e com risco de te deixarem muito em breve. Nesse momento, você vai se perguntar: por que você está nos deixando? Além de poder potencializar os problemas das equipes deslocadas ou esquecidas.

Agora o que significa na prática sair e observar? Em poucas palavras, significa você se doar para as necessidades do outro; mais precisamente, perceber que seu liderado pode estar chegando tarde no trabalho, com humor diferente, produzindo pouco ou com baixa qualidade, sendo que o *default* (padrão preexistente) dele não é esse. Uma boa dica quando perceber tais sinais é chamar seu liderado para conversar. Assim como você deu espaço para seu liderado o procurar quando desejar, o mesmo se aplica a você. Ao aplicar esse comportamento com seus liderados, seu mundo vai mudar. Em pouco tempo tudo será diferente e aumentará suas chances de ter uma equipe produtiva e motivada trabalhando para a entrega do projeto.

Dê *feedback* continuamente, não somente no final do trabalho

Você como líder deve executar o *feedback* a cada momento que houver necessidade de ajustar algum comportamento do seu liderado. Não deixe para fazê-lo somente no final do projeto. Seu liderado com certeza irá perder e você, muito mais. Isso ocorre porque ambos perdem a chance de aprimorar o trabalho ainda em andamento e, nesse caso, não teríamos o *feedback*, mas sim o *feedforward*.

O verdadeiro *feedback*, devolutivo de ações/comportamentos/atitudes do seu liderado, deve acontecer durante o projeto, no dia a dia, seja em um almoço, café ou até mesmo agendar uma reunião de 30 minutos para falar o que não está indo bem e, assim, dar tempo ao seu liderado de corrigir a rota.

Mas vamos conceituar melhor a diferença entre *feedback* e *feedforward* antes de avançarmos na leitura.

O *feedback* se trata de um comportamento que se deu no passado. Por exemplo, um comportamento inadequado do colaborador durante uma reunião com cliente. Já o *feedforward* se trata de um comportamento futuro. Por exemplo, o gerente sugerir que o colaborador seja um melhor ouvinte antes de partir direto para a ação.

Em resumo, o *feedback* foca no que passou, enquanto o *feedforward* foca no que ainda está por vir.

Agora detalhe: não dê *feedback*, ou *feedforward*, como preferir, na presença de outros colegas de trabalho. O *feedback* deve acontecer no "1 to 1 (*one to one*)" para não expor seu liderado e ser motivo de fofocas ou qualquer coisa do gênero. Combinado? E mais um detalhe: conforme Daniela do Lago, especialista em comportamento no trabalho: "Quando você for dar *feedback* aos seus colaboradores, lembre-se, a regra é clara: errou, falou! Acertou, falou!"

Compartilho aqui uma técnica muito utilizada e de simples aplicação, a "técnica do sanduíche", como fruto da criação de Roland e Frances Bee em 1966. Essa técnica é dividida em três partes: a base do pão, o recheio e o outro pão.

- **Analise a situação.** Quando você identificar que seu liderado errou, analise com cuidado toda a situação, em que contexto ela ocorreu, por que ela ocorreu, quando ela ocorreu, como ela ocorreu.
- **Determine os efeitos e objetivos.** Analisada a situação, o próximo passo é identificar os efeitos, ou seja, os impactos que poderão vir caso você permita que seu liderado continue errando na sua atitude/comportamento.
- **Planeje antes.** Todo *feedback* deve ser planejado antes de ser realizado. Não esqueça que dar *feedbacks*, muitas vezes, é entrar no âmago da outra parte dizendo: não gostei disso, não gostei daquilo, embora você não tenha certeza qual foi o real motivo até conversar com seu liderado. Logo, cuidado é primordial, e isso se traduz em planejamento. Planejamento envolve o momento que você deverá chamar a pessoa pra conversar, onde se dará essa conversa, o que você irá dizer, qual será sua réplica assim que ela reagir à sua fala inicial, ou seja, ensaie seu *feedback*. Regra de ouro ao lidar com pessoas.
- **Encontre um ambiente propício.** Um *feedback* nunca pode ser dado em espaço aberto, onde há outras pessoas por perto. Nunca se deve expor seu liderado aos seus colegas ou quaisquer outras pessoas. *Feedback* bom se dá entre quatro paredes. É você e seu liderado, ninguém menos, ninguém mais.
- **Comunique-se efetivamente.** A comunicação no seu *feedback* precisa ser clara, e isso se baseia em fatos e dados, e não em achismos ou sentimentos. Procure levantar evidências e situações práticas de fatos ocorridos para utilizar em seu *feedback*. Dê exemplos e seja um exemplo para a pessoa! Se seu *feedback* tende a ser subjetivo, ele perderá toda a força e a outra parte se armará para se defender com toda sua armadura possível. Se isso acontecer, seu *feedback* perderá valor e chance de melhorar seu liderado como pessoa e/ou profissional.

Não faça da sua "régua" a régua para os outros! Entenda as diferenças individuais de comportamento e respeite essas condições para dar seu *feedback*. O bom gestor é aquele que consegue extrair o melhor de sua equipe, respeitando as características individuais deste grupo.

Comece valorizando seus pontos fortes → a base do pão

Todo *feedback* precisa iniciar valorizando/reconhecendo que seu liderado tem pontos positivos, e que você como líder enxerga isso muito bem. Ao fazer dessa forma, seu liderado terá a percepção e convicção de que ele tem valor para você.

Pontos positivos durante uma etapa de *feedback* são mais fáceis de ser ditos, aplique-os no início de sua sessão!

Descreva o que aconteceu → o recheio

Passados os pontos positivos, vá direto para o acontecido, o fato que lhe causou desconforto e que foi o pivô desse *feedback*. Novamente, descreva a situação que realmente aconteceu.

Aponte os pontos de melhorias, não como itens negativos, mas como itens que a pessoa precisa necessariamente evoluir para o próximo trabalho (eliminar seus *gaps*).

Ouça atentamente

Descrita a situação, deixe seu liderado falar. Ele pode ter um motivo para tal comportamento ou tentará se justificar e se defender. Não importa, o que vale é dar espaço para a outra parte falar e você ouvir ativamente, prestando atenção.

Descreva o comportamento desejado

Após ouvir, você parte para o comportamento que é esperado do seu liderado, mostrando por que esse comportamento é benéfico para ele e para você como líder.

Procure soluções

Para que tal comportamento desejado aconteça, busque junto com seu liderado a solução que o fará não se esquecer de adotar tal novo comportamento.

"*Feedback* bom se dá entre quatro paredes"

Chegue a um acordo

Confirme com seu liderado que se chegou a um acordo quanto ao *feedback* realizado e que a solução foi encontrada e será aplicada na próxima tentativa de ocorrência.

Certamente, os *gaps* deverão ser monitorados pelo próximo gestor dessa mesma pessoa, para analisar o progresso (redução ou até eliminação do *gap*).

Finalize valorizando pontos fortes e demonstrando confiança → o outro pão

Feito o acordo, reforce os pontos de valor de seu liderado e mostre que você confia nele e que pode contar sempre com seu apoio.

Seguir os passos citados aumentará em muito sua chance de sucesso nos *feedbacks* aplicados e na melhoria do comportamento de seu liderado e, por consequência, de seu projeto. Pois todo projeto é formado por pessoas, e pessoas cometem erros e precisam ser comunicadas disso. Como PMO/GP, você deve indicar qual o caminho certo. Seja o exemplo profissional a ser seguido pelo seu subordinado! Não tem mágica, não tem milagre. Aplicar *feedback* sempre que necessário é um dos elementos para o sucesso de seu projeto. Pessoas são as "variáveis" mais imprevisíveis na gestão do "caos", e se não dermos maior atenção a elas, uma pequena mudança de comportamento do seu liderado pode, sim, provocar mudanças imprevisíveis no todo. Parece exagero, mas, acredite, não é.

Have fun: divirta-se, celebre e comemore!

Segundo Maria Rosa de Paula Henrique, Professional Coach,[2] é necessário ampliar o papel do PMO e do GP para além das fronteiras do alinhamento e da metodologia ajustada ao planejamento do projeto. E isso significa, como ela diz, trocar a contaminação da pressão do dia a dia relativo aos desafios das entregas e milestones, pelo "HAVE FUN" , através da adoção e/ou criação de:

a) tempo dedicado a promover um ambiente favorável ao time, incluindo espaço e ações para DESCONTRAÇÃO, além da promoção de troca de informações e compartilhamento de conhecimento;
b) construção de pilares de comunicação fluida, com design de espaço ao bom humor e de elementos culturais como música, por exemplo, que darão sustentação à performance outstanding das equipes multidisciplinares;
c) prática do reconhecimento em toda a sua possibilidade e potenciais e variedades, sobre superação de obstáculos e a criação de soluções integradas;
d) agregação do valor que cada integrante traz para o time e para o projeto com feedback construtivo do tipo "você faz parte"; "você agrega"; "você contribui";
e) celebração, em suas muitas e distintas formas, pelas conquistas e pelo atingimento de todas as etapas críticas do projeto; sendo papel do PMO estimular e incluir celebração no script de gestão, uma vez que CELEBRAR, sob o aspecto psicológico da equipe, é importante porque ajuda o time a ficar no presente, onde está o poder de realizar da equipe; porque constrói o autorrespeito de cada um dos integrantes (outros nos tratam de acordo com o modo como nos tratamos); e também porque é um ato que alimenta a necessidade humana básica de amor próprio e autoaceitação, criando uma ampliação positiva do time e seus integrantes (o que focalizamos se expande).

E COMEMORAR, sob o ponto de vista deste que escreve, é a certeza de que todo esforço aplicado é reconhecido por você, líder ou gestor do projeto, o que fará toda a diferença, no dia a dia e no resultado final.

2 Senior Professional Organizational, Team and Executive Coach pela Columbia University.

Capítulo 17
O palestrante

A princípio, o título pode não fazer sentido para você, mas, se analisarmos com mais detalhes, há uma relação muito próxima entre a figura de um palestrante e o PMO no que diz respeito à comunicação do projeto.

Uma palestra é uma apresentação oral que pretende informar ou ensinar pessoas a respeito de um assunto. O que o PMO faz no projeto nada mais é do que apresentar informação, seja na forma oral ou escrita. E, embora não tenha o papel principal de ensinar, cabe ao PMO garantir que as pessoas recebam a informação certa, em termos de público-alvo, conteúdo e entendimento.

Para tanto, é importante que o PMO, assim como o palestrante, atente para os seguintes aspectos para possibilitar uma comunicação efetiva no projeto.

Planeje sua comunicação

É de extrema importância que o PMO não saia falando sem antes parar para pensar e estruturar o que deve comunicar, para quem comunicar e quando comunicar. Pensar em todos os aspectos da comunicação é crucial, pois ela pode ser a chave para o sucesso de qualquer projeto. Depende de você fazer bem a sua parte.

Mapeie seu público-alvo antes de falar

Os gurus em comunicação afirmam que é preciso conhecer seu público-alvo para saber como se comunicar com eles. Não basta saber o que irá comunicar. É preciso conhecer para quem você vai comunicar. Não pense que a comunicação que você dirige a um gerente é a mesma que você deve dirigir a um presidente. Como PMO, você precisa identificar seu público e adaptar a comunicação de acordo com quem você fala.

Identifique se há regras a seguir na comunicação a ser feita

Outro aspecto que muitas vezes passa despercebido pelas pessoas é se há regras na comunicação. Ela precisa ser formal ou informal? Devo ser breve ou detalhado? Posso me valer de gráficos, figuras, ou tudo precisa ser textual? Enfim, identifique quais são as regras envolvidas na comunicação do seu projeto e, por favor, siga-as para o bem geral de todos.

Recomendamos a aplicação da diversificação de sua comunicação, entre formal e informal, seja de maneira verbal ou escrita, por exemplo, em e-mails, sempre com base no correto mapeamento de seu receptor. Conhecendo o receptor da mensagem, ficará mais fácil para você conseguir a adequada penetração da informação e consequentemente o entendimento da outra parte. Por exemplo, você poderá fazer essa alternância de comunicação, dependendo do nível hierárquico, a proximidade que você possui com o receptor e a responsabilidade dele perante a estrutura do projeto.

Outro ponto importante que você deve aplicar em uma comunicação diversificada é a técnica de dar maior entonação na principal mensagem que você gostaria que seu receptor capturasse de sua exposição. A variação de voz será uma importante aliada na comunicação eficaz.

"É de extrema importância que o PMO não saia falando sem antes parar para pensar e estruturar o que deve comunicar, para quem comunicar e quando comunicar"

Peça permissão

Sempre que você vai se dirigir a alguém, é importante perguntar se a pessoa tem condições de falar naquele momento. Muitas vezes, pensamos que as pessoas estão à nossa inteira disposição. Isso não costuma ser verdade no mundo dos negócios. É preciso verificar se a pessoa tem aquele determinado tempo. Você pode valer-se de perguntas como: "tem um minuto?" "Pode falar agora?" A resposta a essa pergunta pode ser apenas duas: sim ou não. Se for sim, siga com sua comunicação. Porém, se a resposta for não, você precisa agir como PMO, ou seja, negocie um melhor momento. Pergunte nesse caso se você pode falar com a pessoa daqui a trinta minutos ou uma hora, daqui a trinta minutos ou uma hora, ou seja, questione seu interlocutor, ou seja, questione seu interlocutor sobre qual o melhor horário para falar com ele. Esse compromisso é fundamental para que sua comunicação não se perca de vista.

"O que o PMO faz no projeto nada mais é do que apresentar informação, seja na forma oral ou escrita"

Clareza

Seja claro na mensagem que deseja levar aos seus interlocutores. Procure evitar termos técnicos se você não tem certeza de que seu interlocutor tenha *background* suficiente para o acompanhar. Procure ser o mais cristalino possível. Confessamos a você que isso é um desafio, pois temos a tendência de complicar e somar assuntos que não têm relação com o que desejamos comunicar. É preciso "limpar" sua comunicação para que a pessoa do outro lado entenda exatamente o que precisa ser entendido, nem mais, nem menos.

Preste atenção na outra parte

Na comunicação, outro aspecto que muitas vezes acaba sendo negligenciado é prestar atenção na outra parte. Temos a tendência de pensar na próxima resposta para uma possível pergunta que o interlocutor fará ou na devolutiva de uma opinião que vai contra o que pensamos. Aprenda a perceber a reação do outro quando você fala. Perceba se essa reação faz parte do processo de comunicação, avalie a própria reação corporal do interlocutor, que pode dizer muito na comunicação (exemplo: expressão facial), e isso até mesmo poderá confirmar o entendimento pela outra parte.

Monitore o tempo

Tempo é um recurso escasso em projeto. Nunca temos tempo para nada e estamos sempre correndo atrás dos atrasos para entregar tudo para ontem. Logo, controlar o tempo das suas comunicações é crucial para você não tomar o tempo do outro mais do que o necessário. Isso é válido para uma conversa e para apresentações de relatório de status.

Cada um dos aspectos citados é tão importante para um palestrante quanto para um PMO, garantindo que a comunicação atingiu seu real objetivo: comunicar!

Capítulo 18
Previsibilidade PMO

Bola de cristal

O esoterismo utiliza bola de cristal para adivinhar, com base nas imagens, o que nela aparece. Cristalomancia é uma forma de adivinhar baseada na leitura de cristais. Algumas informações úteis para cristalomancia:

- **Tranquilidade "tudo sem atraso" é indicada pela cor violeta**
- **Conquista "entregas na data" é indicada pela cor azul**
- **Lucro "projeto dentro do orçamento" é indicado pela cor verde**
- **Vermelho "problemas críticos"**
- **Luz clara "problemas que não impactam datas críticas"**

Apesar de parecer que, algumas vezes, certos gestores descrevem problemas de forma que parecem cores da cristalomancia para que o PMO consiga adivinhar (não está relacionado no que vem pela frente), o PMO deve trazer as informações em números, valores que possam ser entendidos de forma clara por todos os executivos.

O PMO deve garantir que não deve receber ou aceitar informações que dependem de adivinhação. O padrão é receber informações interpretadas utilizando valores e números de fácil compreensão para todas as pessoas relevantes do projeto.

Exemplo:

1. Uma construtora tem que entregar uma ponte em oito meses. Após três meses, quando o PMO pergunta para o engenheiro responsável como estamos na execução da obra, ele informa que está tudo

conforme o planejado. O PMO tem que ter pontos de referência da mesma forma que o executivo responsável pela entrega. Nesse caso, não basta informar que está conforme o planejado. Devemos mostrar o mapa do projeto, o cronograma com o caminho crítico, as principais entregas parciais e, como um *checklist*, verificar se as tarefas planejadas para terminar em três meses estão efetivamente concluídas. Se existirem atrasos, deve-se definir um plano de recuperação e analisar qual o impacto no caminho crítico. Alguns gestores são ótimos técnicos e garantem qualidade, mas às custas de perder prazos que podem impactar o projeto como um todo.

2. Um gestor deve avaliar e homologar a entrega de um fornecedor e informar se a qualidade está ruim ou boa, pois o produto pode não estar atendendo às necessidades da organização. Novamente, cabe à atuação do PMO para que testes sejam realizados para atender ao escopo, para que os requisitos estejam bem definidos, para que o produto entregue seja validado de acordo com os requisitos acordados no escopo e aprovados pelo comitê do projeto. Em vez de termos a informação ruim ou boa, devemos ter medidas de fácil avaliação pelos executivos do projeto, informando quantos requisitos foram atendidos, quantos não foram atendidos, quanto tempo o fornecedor está pedindo para correção de cada item não atendido, se está de acordo que não existem disputas e que as datas do fornecedor para correção dos problemas não impactam o caminho crítico do projeto.

"O PMO deve trazer as informações em números e valores que possam ser entendidos de forma clara por todos os executivos"

Temos casos em que analistas, coordenadores e gerentes de todos os níveis têm dificuldade de informar o status de forma clara para seus próprios superiores. O PMO pode ajudar trabalhando em detalhes e buscando formas de exibir o status em números e indicadores de fácil interpretação. É importante que o PMO proponha e valide com os gestores padrões e sinalizações de controle, na fase inicial do projeto e/ou programa.

O PMO deve atuar para garantir que os status das atividades sejam reportados de forma clara e em uma linguagem que todos consigam entender, sem duplo sentido, números de acertos, porcentagens, indicadores e requisitos cumpridos.

A seguir trazemos exemplos para reflexão do leitor.

Lugares marcados

> "Segundo DECRETO nº 40.334, DE 16 DE MARÇO DE 2001: Regulamenta a Lei nº 11.786, de 26 de maio de 1995, que torna obrigatória em todos os cinemas, cineclubes, cinematecas, teatros, casas de espetáculo, estádio de futebol, ginásios de esportes e demais estabelecimentos congêneres a manutenção de toda a lotação com lugares numerados, e dá outras providências".

Hoje desfrutamos da facilidade da organização nos cinemas e teatros porque podemos escolher com antecedência o local que iremos ficar. Se já conhecemos o local, buscamos o melhor lugar disponível. Já vamos para a sala com a expectativa de que estaremos sentados em uma boa posição, pois conseguimos comprar, ou, para um lugar de espaço mais limitado, conseguimos nos organizar para ficarmos próximos de nossos familiares, namorados(as) ou amigos. Não imaginamos a possibilidade de entrar, sem lugares numerados, em uma sala lotada onde acabamos descobrindo que existe um lugar vago na terceira fileira e outro na sétima para assistir a um filme romântico onde você fica na terceira fileira e sua namorada na sétima.

Outro exemplo: ao comprarmos passagens para uma viagem de ônibus leito de dois dias, escolhemos os lugares que mais nos agradam. Alguns preferem ficar no fundo, outros na frente e outros no meio. Tudo é organizado de forma que, antes de iniciarmos a viagem, já estamos organizados como planejado, conforme a posição que compramos e temos a expectativa de ficar.

Lugares marcados em projeto

O organograma, a definição de regras e responsabilidades e o *layout* físico de um projeto são o equivalente a lugares marcados.

Em projetos, a falta de lugares marcados e adequada estrutura de trabalho para os membros das equipes não impacta apenas alguns colaboradores, mas a gestão como um todo, pois a falta de definição de posições e de responsáveis específicos por atividades críticas impede o monitoramento e a busca de forma clara por aqueles que possam atuar tecnicamente ou politicamente para recuperar ou evitar atrasos em tarefas críticas do caminho. Isso também poderá afetar fortemente a comunicação do projeto (fluxo de informações) e a aplicação de uma correta sinergia entre os membros de uma determinada frente de trabalho, fazendo com que tenhamos atividades sem a sincronização necessária para entrega dos resultados do projeto.

Normalmente, quando o problema de organização da equipe ocorre, durante o "caos" em projetos algum responsável é designado, muitas vezes, sem a preparação devida. A organização física do projeto é tão importante quanto contarmos com pessoas adequadas e qualificadas para entregar um projeto.

Tratamento de itens não planejados

É comum termos tarefas não planejadas descobertas durante o projeto, gerando dificuldades para nomear um responsável. O problema está na descoberta de tarefas críticas não planejadas e, pior, sem responsável definido e sem responsabilidades de gestão. Nesse caso, não estamos mudando a regra no meio do jogo, e sim criando a regra durante o jogo.

O PMO deve atuar para que regras e responsáveis estejam definidos antes de iniciar o "jogo" (projeto), pois dessa forma irá atuar sob uma governança preestabelecida, com: relatórios de progresso, procedimento de "escalation", gestão de riscos, entre outros controles, com bases definidas no início do projeto. Caso contrário, o relatório publicado em um dia com semáforo vermelho (atraso) pode mudar para verde (sem atraso) no dia seguinte sem nenhuma melhora, simplesmente por mudança de regra do projeto.

É crítico que o PMO garanta que as regras estejam definidas no início do projeto e divulgadas para todos os membros do projeto. É preciso garantir que os lugares estejam realmente marcados.

Novelas

Novelas ou romances tiveram início na Inglaterra ou França próximo ao século XII. As novelas têm evoluído até os dias de hoje com os grandes sucessos atuais a partir de trabalho de narrativas muito bem elaboradas e complexidade de peças de ficção que refletem o comportamento em nosso mundo.

Quanto maior o sucesso da novela, maior a vontade de manter a trama viajando no tempo, direcionando para caminhos ainda não planejados antes do sucesso. O problema é que a novela precisa ter um início, um meio e um fim para chegar ao fechamento do mundo imaginário, de forma que agrade os envolvidos no processo.

O mesmo ocorre em um projeto. Mesmo em projetos de sucesso, tendemos a verificar se temos mais algum item para melhorar e começamos a explorar novas mudanças, o que acaba impactando o progresso do projeto, que também tem um início, um meio e um fim determinado.

Garanta que sua novela de sucesso não seja impactada demais pelos gestores envolvidos a ponto de gerar alterações nas datas acordadas. Talvez grandes mudanças levantadas durante o projeto podem ser novas e boas "novelas", novos projetos ou outras fases (*releases*: *go-lives*), com seu próprio início, meio e fim determinados.

"É crítico que o PMO garanta que as regras estejam definidas no início do projeto e definidamente divulgadas para todos os membros do projeto. É preciso garantir que os lugares estejam realmente marcados"

Capítulo 19

PMO qualificado faz a diferença como agente influenciador

Como mencionado em capítulos anteriores deste livro, a contribuição do PMO é fundamental para o sucesso do projeto, assim como a do gerente de projetos. A execução de maneira estruturada das atividades do PMO irá fazer a diferença nas entregas dos projetos, porém a falta de capacidade e conhecimentos necessários para implementar um escritório de projetos com qualidade pode levar os projetos à ruína.

Alguns erros comuns encontrados no mercado, sejam em projetos complexos ou não, estão relacionados à menção que ouvimos frequentemente: "eu tenho experiência na gestão PMO e *minha forma de trabalho aplicada anteriormente* tem dado certo, vou colocar em prática o mesmo formato nesse novo projeto".

Como vimos no Capítulo 1, um projeto é "único" e deve ser tratado de maneira personalizada, ou seja, devemos aplicar conhecimento PMO na dose adequada de acordo com a estrutura do projeto e com base no conteúdo que será entregue pelo projeto, seja uma implementação envolvendo sistemas (atualizações ou novas tecnologias) ou não.

Uma situação que devemos evitar na implementação e manutenção de um escritório de projetos é não tornar o próprio projeto mais complexo do que ele já é. Imagine criar diversos controles no projeto que simplesmente irão onerar ainda mais a equipe envolvida na coleta de dezenas de informações, sem que exista uma efetividade esperada com esse conteúdo – outro exemplo indevido é utilizar ferramentas sofisticadas de controle que não apuram o real status do projeto ou que não estejam devidamente dimensionadas com o tamanho do projeto, ou seja, sua complexidade.

O PMO deve fazer uma análise realista de quais informações finais são realmente relevantes para o projeto, avaliando o público-alvo a ser atingido. Assim, o PMO deve "enxergar" claramente o produto final a ser gerado e validá-lo com a alta gestão antes de qualquer iniciativa operacional perante a equipe do projeto.

Nesse momento, o PMO deve influenciar o produto final a ser gerado fazendo alguns questionamentos muito importantes com base nas informações que serão geradas, tais como:

- Qual a relevância dessas informações para o projeto? Ajudam no monitoramento para evitar desvios e na tomada de decisão para ações que irão manter o projeto na "rota correta"?
- Darão a visibilidade necessária das atividades realizadas e planejadas?
- Contribuirão para endereçar "issues" aos responsáveis?
- Teremos um correto mapeamento dos riscos do projeto a fim de implementar um Plano de Gerenciamento?
- Fornecerão conteúdo relevante para a alta gestão (interna ou externa) do projeto?

"Uma situação que devemos evitar na implementação e manutenção de um escritório de projetos é não tornar o próprio projeto mais complexo do que ele já é"

A estrutura do projeto deve ser avaliada de maneira prévia à implementação do escritório de projetos, gerando, por exemplo, o Plano de Gerenciamento do Projeto, *deliverable* muito importante e altamente recomendado pelo PMI. Nele deverá ser previsto, por exemplo, quais ferramentas e controles de gestão serão adequados para a realidade do projeto a ser implementado, que, aliás, se aplicadas corretamente e na dose certa, irão gerar grandes benefícios ao projeto.

Também a análise de capacidade da equipe de trabalho do projeto deve ser levada em conta pela gestão do projeto. Muitos erros são cometidos no início do projeto ou no início de cada fase, pela falta de avaliação ou reavaliação da "capacity" da equipe perante os desafios das entregas e o volume de informações que serão requeridas, seja pelo PMO ou pelas demais frentes de trabalho. Esses erros irão certamente potencializar o "caos" no projeto, uma vez que uma grande parte dos projetos possui insucessos devido a problemas de capacidade de entrega.

Outro fator de grande insucesso nos projetos é a falta de conhecimento das responsabilidades de cada membro envolvido na iniciativa, principalmente em projetos complexos com grande estrutura e diversas células de trabalho. No momento do início do projeto e no início de cada fase, a atuação do PMO e do gerente de projetos é muito importante para reforçar os papéis e as responsabilidades de todos.

Cabe ao PMO e ao gerente de projetos deixarem claro também como será o apoio do escritório de projetos para cada frente de trabalho.

É necessário que o PMO declare aos demais membros da equipe:

- quais informações são esperadas para "alimentar" o escritório de projetos;
- quando os membros da equipe serão acionados para qualquer "coleta" de informações que se façam necessárias;
- qual metodologia será aplicada e quais controles/ferramentas são mais adequados;
- quais produtos serão gerados pelo escritório de projetos e de que forma e para quem estes serão distribuídos.

Portanto, é papel fundamental do PMO ter ativa comunicação com os *stakeholders* do projeto e buscar o equilíbrio na aplicação de métodos e controles, bem como das ferramentas de gestão, conforme a estrutura de cada projeto.

Além disso, a equipe PMO deve buscar sempre a qualificação contínua para aplicação de seus conhecimentos no projeto, com o foco de ser um influenciador que gere valor agregado na entrega do projeto.

Se você acredita em sorte para o sucesso de um projeto, sugiro que reduza esse "fator sorte" aplicando a seguinte "equação", não somente para suas entregas de projeto, mas também para o seu próprio crescimento profissional: sucesso = qualificação e competência + oportunidade.

Onde a **qualificação** depende exclusivamente de você, através da incessante busca de novos conhecimentos – como dito no mercado, "melhoria contínua". O profissional com capacitação contínua irá potencializar sua **competência** para gerar resultados com qualidade, dentro dos prazos e custos esperados. Busque treinamentos, levante "sua bandeira profissional" para deixar claro seu potencial, suas habilidades, suas certificações de mercado e competências adquiridas. Atue na melhoria de sua performance na execução dos projetos, aplique suas "melhores práticas".

Alguns exemplos para aplicação de sua "melhoria contínua":

- Busque sua atualização nas ferramentas de gestão de projeto. Temos ótimos produtos de mercado aplicados e já testados, com excelentes resultados práticos em grandes projetos.
- Aplique fortemente o Gerenciamento de Riscos, lembrando que o aumento de atividades paralelas e a atuação na gestão do "caos" por parte do PMO irão requerer grande conhecimento na aplicação de estratégias de resposta ao risco: evitar, transferir, mitigar ou aceitar.
- Como informado em capítulo anterior deste livro, fortaleça-se com uma comunicação efetiva, sempre de maneira objetiva e direcionada ao público correto. Importante "adequar" a forma de comunicação, seja verbal ou escrita, de acordo com seu "receptor", aplicando linguagens mais formais ou informais, dependendo do *stakeholder*. Essa alternância é importante para atingir os resultados esperados em cada comunicação realizada no projeto.
- Vivemos uma constante atualização dos métodos de trabalho para implementação dos projetos, sendo que sua aplicação dependerá da modalidade de entrega (exemplos: "escopo fechado", "time & material", estruturação por capacidade). Assim, o PMO deve ser o agente do conhecimento dos novos conceitos aplicados nos últimos anos, como as metodologias *Agile*[3], *Agile* híbrido[4] e *Waterfall*

---

3 *Agile*: entrega ágil atuando como uma fábrica de entregas com atividades repetitivas durante todas as fases do projeto, com foco no atendimento dos requerimentos de negócio, nas funcionalidades esperadas (moldadas durante os "sprints": separações do escopo) e na simplicidade da entrega, tendo como base as capacidades da equipe do projeto contratada para determinada iniciativa. O produto pode ser implementado no final de cada *Sprint*.

4 *Agile* híbrido: possui as mesmas características de execução com base nas capacidades da equipe para a fase de realização dos *Sprints* (organizados por processos ou funcionalidades), porém em outras fases do projeto utiliza elementos da metodologia *Waterfall* (ex.: execução Teste Integrado e Teste de Regressão). Entrega no decorrer do projeto ou no final em *release* (*go-live*) único ou *rollouts*.

(tradicional)[5]. O PMO deve disseminar seus conhecimentos para todos os membros da equipe do projeto.

"Se você acredita em sorte para o sucesso de um projeto, sugiro que reduza esse "fator sorte" aplicando a seguinte "equação", não somente para suas entregas de projeto, mas também para o seu próprio crescimento profissional: sucesso = qualificação e competência + oportunidade"

Como vimos anteriormente, os projetos são diferentes um dos outros; assim sendo, você tem uma enorme **oportunidade** de crescimento profissional ao aceitar os desafios gerados em cada distinta implementação de projeto.

Claro, essa parte da equação "oportunidade" não depende somente de você, ou seja, de "estar no lugar certo na hora certa", como, por exemplo, participar de um projeto com grande inovação ou de um projeto apenas de melhorias em poucos processos de baixa complexidade.

Como sabemos, o profissional PMO possui um dinamismo natural de atuação, muitas vezes gerado pela própria execução do trabalho em um ambiente de desafios assumidos em diferentes projetos.

Estar disposto a "abraçar a oportunidade" deve ser uma característica importante do PMO para alcançar um sucesso contínuo. Infelizmente, muitos ainda atuam em uma "zona de conforto" (com mesmo padrão de entrega), porém aqueles que se motivam, por exemplo, em buscar saídas e alternativas durante uma gestão do caos se fortalecem em direção a um sucesso profissional crescente.

O dinamismo da carreira do PMO certamente impulsiona a necessidade de qualificação e proporciona atuação em distintos cenários de projetos com grandes oportunidades de crescimento.

---

5 *Waterfall:* tradicional método de sequenciamento de atividades, com entregas faseadas e sequenciais, para todos os requerimentos detalhados no início do projeto. É baseado normalmente em entregas sob a modalidade "escopo fechado", com tempo e recursos previamente estimados. Normalmente possui um único *release* (*go-live*) após execução de todos os testes e homologações pela equipe de projeto. A aplicação de outros *releases* dependerá da estratégia de implementação, que poderá ser regida pela área de negócio.

É esperado também que o PMO estabeleça ações de mitigações para redução do caos de projetos complexos, mas não somente fazendo o papel de "dar o sinal de alerta", como dito popularmente, mas principalmente buscando atuação prévia dos eventos iniciais ao caos, participando de todos os planos e estratégias envolvidos em uma entrega do projeto.

Com isso o PMO irá contribuir efetivamente para a **estratégia** de execução, controle e monitoramento do projeto, buscando uma atuação mais resiliente ao caos.

Junto à gestão do projeto, o PMO terá uma participação ativa na proposição de fluxos de trabalho e controles necessários para a condução do projeto.

Outro fator com grande influência do PMO está relacionado à conexão das atividades das equipes de trabalho, não somente para buscar uma integração técnica entre os distintos cronogramas de trabalho, quando envolve projetos complexos ou programas, mas também para contribuir junto ao gerente de projetos na identificação das interdependências de atividades entre essas células de trabalho. Isso proporcionará grande visibilidade aos envolvidos e principalmente "dará luz" ao caminho crítico do projeto, que deverá ser preservado através de ações de contenção de escopo, mitigações de riscos às entregas programadas e eliminação dos ofensores do prazo do projeto.

A aplicação de ajustes no escopo pode ser inevitável, de acordo com a estratégia de negócio esperada, porém, quando isso ocorrer, o escritório de projetos deverá apoiar fortemente adotando adequado procedimento de trabalho, predefinido e validado com a gestão do projeto, antes do início da iniciativa ou fase que será afetada.

A atuação do PMO como "guardião" da qualidade da documentação gerada, de controles e de adoção da padronização por todos os *stakeholders* deve ser destacada também como uma importante atividade de contribuição para todo o projeto. Falhas nesses aspectos gerarão grandes impactos no projeto, onde retrabalhos poderão existir e até gerar consequentes dispêndios financeiros não previstos e indesejáveis para a entrega do projeto.

Os pontos observados refletem a atuação do PMO como influenciador e são bastante distintos das atividades meramente operacionais (administrativas), de execução de ações corretivas (atuação reativa) ou simplesmente de sinalização do caos, "ligando o farol de alerta" em um determinado status.

"... o PMO irá contribuir efetivamente na *estratégia* de execução, controle e monitoramento do projeto, buscando uma atuação mais resiliente ao caos"

Como informamos em capítulos anteriores, dificilmente serão mapeados todos os eventos em um planejamento, mesmo que bem estruturado, mas com o poder de questionamento e autonomia concedida pela gestão do projeto ao PMO, este será efetivamente um influenciador com grande qualificação, atuando durante o projeto.

Este livro tem como objetivo trazer o impacto positivo que o escritório de projetos pode causar no engajamento da equipe envolvida no projeto e na aplicação adequada dos métodos e controles de maneira personalizada em cada iniciativa.

Dessa maneira, esperamos que sua leitura traga um equilíbrio ao projeto, principalmente às grandes entregas, que requerem forte gestão para redução de determinados "caos" estabelecidos durante a jornada de entrega do projeto.

Referências

CAYROL, A.; BARRERE, P. **Guia de PNL (Programação Neurolinguística).** Rio de Janeiro: Record, 1996.

DEL COL, L.; FILHO, Maurício. **PMO Peso Pesado:** como vencer no ringue dos projetos em grandes corporações. Rio de Janeiro: Brasport, 2013.

DRUCKER, P; F. **La Gerencia En La Sociedad Futura.** Cali: Carvajal Educación, 2005.

DUHIGG, C. **O Poder do Hábito:** por que fazemos o que fazemos na vida e nos negócios. Rio de Janeiro: Objetiva, 2012.

GOLDRATT, E. A. **A Meta:** um processo de melhoria contínua. São Paulo: Nobel, 2003.

GOLDRATT, E. M. **Corrente Crítica.** São Paulo: Nobel, 2005.

HU, O. R. T. **Guia Visual da Contabilidade.** Rio de Janeiro: Alta Books, 2018.

HUNTER, J. C. **O Monge e o Executivo:** uma história sobre a essência da liderança. Rio de Janeiro: Sextante, 2004.

KOTLER, P.; KELLER, K. L. **Administração de Marketing.** 12.ed. São Paulo: Pearson/Prentice Hall, 2007.

LEVINE, S. R.; CROM, M. A. **O Líder em Você.** Rio de Janeiro: Best Seller, 2010.

MIRANDA, R. L. **Além da Inteligência Emocional.** Rio de Janeiro: Campus, 1997.

NICKELS, W. G.; MCHUGH, J.; MCHUGH, S. **Understanding Business.** 11th.ed. New York: McGraw Hill Education, 2015.

PROJECT MANAGEMENT INSTITUTE. **A Guide to the Project Management Book of Knowledge:** PMBOK® Guide. 6th.ed. Newtown Square: PMI, 2017.

SUTHERLAND, J.; SUTHERLAND, J. J. **Scrum:** a arte de fazer o dobro do trabalho na metade do tempo. Rio de Janeiro: Sextante, 2019.

TATE, R.; WHITE, J. **People Leave Managers... Not Organizations!:** action based leadership. Lincoln: iUniverse, 2005.

TZU, S. **A Arte da Guerra.** Adaptação e Prefácio de James Clavell. 31.ed. Rio de Janeiro: Record, 2004.

+ de 200 Títulos
BRASPORT
e-Book
50% mais barato que o livro impresso.
Confira nosso catálogo!
À venda nos sites das melhores livrarias.